es 1505
edition suhrkamp
Neue Folge Band 505

Im Sommersemester 1988 hatte Peter Sloterdijk die Stiftungsdozentur für Poetik an der Johann Wolfgang Goethe-Universität in Frankfurt inne. Wie selbstverständlich ging er dabei aus von den Charakteristika dieser Poetik-Vorlesungen – und gelangte damit zugleich ins Zentrum seiner Reflexionen. »Wer von diesem Frankfurter Podium aus spricht, setzt sich in der Regel nicht aus, sondern blickt auf seine Aussetzungsgeschichte zurück. Man hat hier das Wort, weil man es anderswo schon einmal hatte. Man hatte es anderswo und früher, weil man es nicht unterlassen konnte, sich auszusetzen, und weil man eigensinnig darauf bestand, sich hörbar und lesbar zu machen. Wir stoßen hier auf das Leitmotiv dieser Vorlesungen: wenn es in ihnen einen roten Faden gibt, dann entrollt er sich aus der Idee, daß die Poetik des Sichaussetzens als eine Poetik des Anfangens entwickelt werden muß. Ich will die Frage, wie man es anfängt, anzufangen, so darlegen, daß sie zugleich eine persönliche und allgemeine Antwort erlaubt.«

Peter Sloterdijk
Zur Welt kommen –
Zur Sprache kommen

Frankfurter Vorlesungen

Suhrkamp

edition suhrkamp 1505
Neue Folge Band 505
Erste Auflage 1988
© Suhrkamp Verlag Frankfurt am Main 1988
Erstausgabe

Satz: Uhl + Massopust, Aalen
Druck: Nomos Verlagsgesellschaft, Baden-Baden
Umschlagentwurf: Willy Fleckhaus
Printed in Germany

7 8 9 10 11 12 – 06 05 04 03 02 01

Inhalt

Die Kunst erweitern?
Nein. Sondern geh mit der Kunst in
deine allereigenste Enge. Und setze dich frei.

Paul Celan, *Der Meridian*

1. Das tätowierte Leben

»Die Poesie«, hat der Dichter Paul Celan gesagt, »die Poesie zwingt sich nicht auf, sie setzt sich aus.« Meine Damen und Herren, ich kenne keinen anderen Satz, der die Angelegenheit der Literatur so richtig und so anspruchsvoll beim Namen nennt. Richtig ist dieser Satz vor allem, weil er die Sprache der Poesie an eine Geste knüpft, die sich hervorwagt. Auch trifft er, für mein Gehör, darin den richtigen Ton, daß er eine romanische Idee von Poesie bekräftigt: Die Freiheit der Kunst hängt daran, daß sie nicht herrschaftlich wird. Übersetzen Sie das Wort Celans ins Französische, und Sie verstehen, wie sehr der Satz in der Romanität zu Hause ist: *la poésie ne s'impose pas, elle s'expose* – sofort verrät sich seine Herkunft aus einem geistreichen Sprachspiel, und wie so oft im Französischen werden die Gefahren des Tiefsinns durch Eleganz pariert. So ist der Satz an einer unsichtbaren deutsch-französischen Grenze formuliert, an einem Ort, von dem ich seit langem glaube, daß er die Zone der fruchtbarsten Begegnungen sein kann. Wer von diesem Grenzgebiet aus redet, hat Aussicht darauf, an einem Austausch der Temperamente teilzunehmen. Manchmal erspart der teutonische Geist dem eleganten Reden die Oberflächlichkeit, die Eleganz hingegen rettet immer den Tiefsinn vor sich selbst. »Die Poesie zwingt sich nicht auf, sie setzt sich aus« – das ist ein Satz, der Werke und Autoren an einem extremen Maßstab mißt. Das Sichaussetzen, von dem die Rede ist, hat nicht zufällig kein grammatisches Objekt bei sich; wenn Poesie sich aussetzt, so nicht in erster Linie dem Urteil einer Öffentlichkeit, dem Lob und der Blamage durch Zeitgenossen, der Analyse und dem Mißverständnis durch die Nachwelt. Selbstverständlich gehören diese Elemente zu den Bedingungen der Literatur, und ein Text ohne Aussetzung an Leser wäre so verloren wie der Säugling Moses in seinem Schilfkorb ohne eine Tochter des Pharao, die das ausgesetzte Wesen in ihre Obhut nimmt. Aber das Sichaussetzen der Poesie, von dem Celan spricht, geht kraft seiner absoluten Natur über die Kommunikation hinaus, es erschöpft sich nicht im Spiel von Senden und Empfangen. Die Poesie setzt sich aus, weil sie nicht weniger ist als eine Analogie der Existenz – ein objektloses, offenes Wagnis. Das Wort Existieren, mit dem man in unserem Jahrhundert die ontologische Bedingung des Menschen charakterisiert hat, enthält für den, der in die Bedeutungsquelle des Ausdrucks hineinhorcht, ein präzises Echo auf das poetische Sichaussetzen Celans. Wenn Poesie sich aussetzt, und wenn existieren »sich hinaushalten« in die Weltnacht bedeutet, so sind Existenz und Poesie in ihren Grundbewegungen miteinander solidarisch. Sichaussetzen und Sichhinaushalten sind konstitutive Bewegungen des Menschen. Nirgendwo sonst, wenn nicht in ihnen, vollziehen sich die Gesten der »eigentlich metaphysischen Tätigkeit«. Sie sind die Auftrittsgesten des Menschen als dem poetischen Tier. Durch sie gewinnt das Lebewesen, das zum Untier zu werden droht, den Leichtsinn, kein Tier zu sein. Das Kunstwerk stellt eine Welt auf, sagt Heidegger; die Poesie setzt sich aus, erwidert Celan – kein Zweifel, daß die beiden Sätze sich aufeinander reimen. Der Philosoph und der Dichter betreten von entgegengesetzten Seiten dieselbe Arena. Auf diesem Schauplatz wird gesagt, wie es im eminenten Sinne um die Welt steht.

Meine Berufung auf Celansche und Heideggersche Ideen, meine Damen und Herren, geschieht in diesen einleitenden Überlegungen nicht ohne Einschränkungen im Fall des ersten Autors und nicht ohne Reserven im Fall des zweiten. Es fällt mir nicht ein, meine bisherigen schriftlichen Äußerungen in direkten Bezug zu dem zu bringen, was Celan unter Poesie verstand – das hieße nicht nur einen großen Dichter mißverstehen, es wäre auch ein typologischer Fehlgriff, denn meine Redeversuche gehören nicht zur Lyrik, sondern zur philosophischen Konversationsprosa oder zur Unterhaltungsmystik. Was Heidegger anbelangt, der nach Emmanuel Lévinas »leider der größte Denker dieses Jahrhunderts« ist, so ergibt sich zu ihm ein hinreichend großer Abstand schon durch die Monumentalität und Zwielichtigkeit seines Werks. Wo ich eine Nähe zu seinen Anregungen empfinde, da stets aufgrund einer buchstäblichen und widerspenstigen Lektüre. Ich sehe in ihm nicht nur den Denkhelden vom Rang eines modernen Platon, in dessen Rede sich die Titanenschlacht um den Sinn von Sein vollzieht, sondern auch den unbewußten Eulenspiegel, bei dem die Philosophie ins Zeitalter ihrer Selbstparodie übertritt. Seit Heidegger ist die Fähigkeit, sich lächerlich zu machen, ein Kriterium dafür, daß die Abstoßung des philosophischen Denkens vom übrigen bewußten Leben

9

aufhört. Das hohe Extrem kehrt ins niedere zurück, das Orthodoxe schlägt ins Paradoxe um. Daraus folgt für mich, daß man damit beginnen muß, Heideggers Denken in eine Sprache zu befreien, in der es mehr recht hätte als in seiner eigenen. Da ist nicht nur eine Provinz zu urbanisieren; da ist auch eine abstrakte Qual aufzuheitern und eine falsche Einsamkeit zu bevölkern.

Meine Damen und Herren, ich habe Celan zitiert und Heidegger erwähnt, weil ich in ihren großzügigen poetologischen und philosophischen Thesen eine Lücke für persönliche Zusätze sehe. Verlassen wir die Hochebene des Dichtens und Denkens für eine Weile. Meinetwegen soll Dasein Hinausgehaltenheit in das Nichts bedeuten; ich habe auch nichts dagegen einzuwenden, daß die Poesie sich nicht aufzwingt, sondern sich aussetzt. Doch könnte die Redensart vom Sichaussetzen einen ganz alltäglichen Sinn annehmen, von dem aus der Weg zu kunstontologischen Aphorismen weit ist. Ich denke an die leicht nachvollziehbaren realen Risiken, die jeder veröffentlichende Künstler trägt. Wenn sich ein Autor mit einem Buch hervorwagt, so setzt er sich ohne Zweifel aus, aber nicht, weil die Poesie sich aussetzt; eher schon, weil der Künstler sich aufzwingen will, mehr noch aber deswegen, weil er, der Künstler, oder sie, die Künstlerin, nicht »zu sich« kämen, wenn sie nicht mit ihren sprachlichen Regungen aus sich »heraus«fänden – wobei ich die Frage offenlasse, wohin einer kommt, der sich in diesem Sinne aussetzt.

Es scheint zum Beispiel, meine Damen und Herren, als gehöre das Halten von Poetikvorlesungen zu den Risiken beim Sichaussetzen als Schriftsteller deutscher Sprache. Wer von diesem Frankfurter Podium aus spricht, setzt sich in der Regel nicht wie zum ersten Mal aus, sondern blickt auf seine Aussetzungsgeschichte zurück. Man hat hier das Wort, weil man es anderswo schon einmal hatte. Man hatte es anderswo und früher, weil man es nicht unterlassen konnte, sich auszusetzen, und weil man eigensinnig darauf bestand, sich hörbar und lesbar zu machen. Für die Literatur gilt das Gegenteil des französischen Sprichworts »on ne peut pas être et avoir été«, man könne nicht sein und gewesen sein – nein, man kann nur sein, wenn man gewesen ist, man kann nur reden, wenn man geredet hat, man kann sich nur aussetzen, wenn man sich ausgesetzt hat – ja man könnte sich auch in Frankfurt nur schonen, wenn man sich früher nicht geschont hat.

Wir stoßen hier auf das Leitmotiv dieser Vorlesungen: Wenn es einen roten Faden gibt, der die heutige Stunde mit den folgenden verbinden wird, dann entrollt er sich aus der Idee, daß die Poetik des Sichaussetzens als eine Poetik des Anfangens entwickelt werden muß. Das ist leichter gesagt als gedacht. Denn auch anfangen kann nur einer, der schon angefangen hat, oder soll ich sagen: der schon angefangen ist? Bitte denken Sie nicht, meine Damen und Herren, daß der Unterschied zwischen Angefangenhaben und Angefangensein nur eine grammatische Finte ist. Ich hoffe, noch heute und vor allem in den folgenden Stunden Argumente zu liefern, die auf das Vorliegen eines wirklichen Problems deuten – vorausgesetzt, daß ein Wille zum Problem da sei, denn in philosophischen Dingen entscheidet man sich nicht nur für Lösungen – sondern auch für das Bestehen von Problemen.

Ich will die Frage, wie man es anfängt, anzufangen, so darlegen, daß sie zugleich eine persönliche und allgemeine Antwort erlaubt. Ein Autor, sagte ich, fängt mit sich an, indem er sich aussetzt, aber er ist imstande, sich auszusetzen, nur darum, weil er sich schon ausgesetzt hat. Wollten wir uns auf die Suche machen nach einem Anfang schlechthin, so verfielen wir in eine bodenlose Bewegung, die den Logikern als unendlicher Regreß bekannt ist. Einen ersten spontanen Anfang zu deduzieren und von einem Teufel verlangen, aus Sand einen festen Strick zu drehen, das sind Aufgaben vom gleichen Schwierigkeitsgrad. Aber nicht nur das, es wären auch überflüssige Anforderungen. Denn für Autoren, wie für die übrigen Existierenden, genügt es, sich in ihren laufenden Anfang einzuschalten, um sich in ihrem Dasein aufs laufende zu bringen. Zeitlebens, meine Damen und Herren, sind wir in der Lage von Leuten, die zu spät ins Theater kommen – in einem Zwischenakt wird die Tür noch einmal halb geöffnet, wir zwängen uns atemlos in den Raum und suchen im Dunkeln nach dem eigenen Platz. Den Anfang der Handlung haben wir verpaßt, und für den Augenblick kann nicht mehr geschehen, als daß wir von nun an ihrem Gang so aufmerksam wie möglich folgen. Ich möchte zu bedenken geben, daß es vielleicht zu den Regeln dieses Spiels gehört, seine Anfänge immer erst nachträglich ahnen zu lassen. Der wirkliche Anfang ist für uns nie anders da als in den Resultaten des Schonangefangenseins. Da sind schon Rillen im Gesicht, da sind Falten um die Mundwinkel, da ist schon eine Angst im Nacken, eine Härte im Rücken, ein Zittern in den Knien, eine Spannung im Herzen. Wenn Heinrich Heine sagte, der Riß der Welt gehe mitten durch das Herz des Dichters, so sprach er aus, was er vorfand – sein Herz lernte sich nicht anders kennen als am Zerrissensein. So ist unsere Gegenwart mit der Hieroglyphenschrift älterer Anfänge überzogen, die man entziffern und vergegenwärtigen muß, um etwas zu sagen zu haben.

Ich weiß nicht, ob Sie sich der Zeit erinnern, meine Damen und Herren, in der die meisten von uns noch den physiognomischen Blick haben – ich denke an das grausam hellsichtige Alter vor dem Einsetzen der Geschlechtlichkeit und des Vorstellens, ein Alter, in dem man mit einem Blick sieht, was einer ist – seinen Charakter, seine Launen, seine Geschichte, sein Wesen, seine Zukunft, alles zusammengedrängt in einer körperlichen Hieroglyphe, die vollkommen lesbar vor uns steht; über sie ist kein weiteres Wort zu verlieren, weil sie das Konzentrat all dessen darstellt, was sich selbst bedeutet und verrät. Ein Rest von dieser Sehweise ist noch im Spiel, wenn Erwachsene in ihren eigenen Zügen lesen – ein Blick in den Spiegel, und man erkennt das Visavis sofort, man kennt es nur zu gut, die Rillen, die Risse, die Glätten, die Spur der Jahre – sie erzählen unscheinbar und gegenwärtig den Roman der Anfänge, von denen für uns gewöhnlich kein ausführliches Bewußtsein besteht.

Meine Damen und Herren, ich spiele gern mit der Vorstellung, daß jeder Mensch eine Silbe verkörpert, ein einmaliges unverwechselbares Gewächs aus Konsonanten und Vokalen, eine lebende Silbe, unterwegs zum Wort, zum Text. Jede dieser Silben wäre ausgewachsen und individualisiert zu einer Gestalt, wie sie in keiner zweiten wiederkehrt, so wie man in alten Eichenwäldern des Südens niemals zwei Stämme von gleichem Aussehen findet. Zu dieser Vorstellung der lebenden Silben füge ich die Annahme hinzu, daß diese Silben sich selbst nicht lesen können, weil sie kein Organ haben, das der direkten Selbstwahrnehmung dient. Was diesen lebenden und sich selbst verborgenen Silben auf die Spur des eigenen Klanges hilft, wäre die Schrift. Sie ist es, die ihnen ein Medium bietet, sich in einem »äußeren« Material abzubilden, und so entstünde durch viele Schreibversuche und Kombinationen mit Nebensilben hindurch eine Annäherung an die Klanggestalt der sich verborgenen Lebenssilbe. Selbstverständlich hatte Celan nichts Derartiges vor Augen, als er sagte, die Poesie zwinge sich nicht auf, sie setze sich aus. Doch erscheint es mir nicht völlig illegitim, der Redewendung vom Sichaussetzen auch den Sinn zu geben, der im Gedankenspiel mit den Silbenindividuen aufscheint. Ist man eine Silbe, dann dürfte es naheliegen, sich hinzuschreiben, und für eine Silbe, die ihren Klang, ihre Niederschrift, ihre Materialisierung, ihre richtigen Nachbarschaften sucht, ist die Formulierung »sie setzt sich aus« besonders am Platz.

Ich möchte dieses Silbenphantasma nicht überanstrengen. Mir liegt daran, mit seiner Hilfe eine Idee zu wecken, die sich auch auf nichtphantastische Weise zur Klarheit bringen läßt. Individuen sind natürlich keine lebenden Silben, aber doch lebende Stoffe, sie sind atmende Themen, die sich selbst behandeln, manchmal ausführlich, manchmal lakonisch. Aber auch das sagt noch zu wenig. Denn jedes Leben ist auf seine Weise auf dem Sprung zur Sprache – es ist schon erfüllt von Klängen, von Wörtern, von Grundbildern und von Szenen, mit denen es den Text seines alltäglichen Romans ausschreibt. Das Anfangenkönnen, das die literarischen Debütanten bei sich besonders stark erfahren, hat seinen Grund in dem Schonangefangensein eines vorliterarischen Lebenstextes. Von der ersten Zeile des ersten Buches an schreibt dieser sich tastend nieder, er verdeutlicht sich, er amplifiziert und steigert sich, wenn es hoch kommt, bis zur allgemeinen Lesbarkeit. Nur weil wir schon mitten in einer Geschichte sind, können wir anfangen, unsere Geschichte zu erzählen. Wir sind, im *status quo* genommen, alles andere als unbeschriebene Blätter. Vom ersten Atemzug an, ja von den frühesten Stadien der intrauterinen Nacht an, ist jedes Leben schriftempfindlich wie eine Wachstafel – und irritierbar wie der lichtempfindlichste Film. Im nervösen Material werden die unvergeßlichen Charaktere der Individualität eingeritzt. Was wir das Individuum nennen, ist zunächst nur das lebende Pergament, auf dem in Nervenschrift von Sekunde zu Sekunde die Chronik unserer Existenz aufgezeichnet wird. Man kann so weit gehen zu sagen, daß es die schwarz auf weiß gedruckten Bücher gibt, weil Individuen existieren, die ihr neurologisches Buchsein nach außen kehren. Es sind beschriebene Blätter, die eines Tages sich selber umblättern und Schreibende werden.

Ich kann, meine Damen und Herren, für die angesammelten Beschriftungen, die jedem Leben von Anfang an zugefügt werden, keinen treffenderen Ausdruck finden als den der Tätowierung. Ich verwende dieses Wort zunächst metaphorisch, ich denke nicht an die Hautbemalungen der Pilger im Mittelalter oder an die der Seeleute, der Exotiker, der Schausteller und der Fetischisten, die sich seit dem späten 18. Jahrhundert dem Reiz hingaben, unabwaschbare Bilder unter der Haut zu tragen. Was mir vorschwebt, sind die Seelentätowierungen, die uns unsere Grundwörter vorsagen und unsere Grundbilder einbrennen; es sind die Nerventätowierungen, die sich als Sinnverknüpfungen und Erlebnisbahnungen in uns eingestochen haben, es sind die Engramme, die uns Signale für Alarm und Aktion, für Rückzug und Sehnsucht setzen. Von hier aus gesehen war es nicht ausreichend, wenn ich soeben von den beschriebenen Blättern gesprochen habe, aus denen später Blätterschreiber werden. Was schreiben macht, ist nicht irgendeine frühere Programmierung, nicht etwas beliebiges Gelerntes. Die Grundwörter der Poesie bilden sich über den existentiellen Tätowierungen, die keine Erziehung ganz bedeckt und keine Konversation ganz verheimlicht. Die Poesie redet von den Brandzeichen der Seele her, von den unter die Haut gestochenen Charakteren aus. An diese frühen Zeichen ist auch das entwickelte literarische Sprechen gebunden, durch sie sind die Schreiber ins Dasein immatrikuliert. Zwar scheut das gebrannte Kind das Feuer, aber das tätowierte Kind hängt an der Schrift, nein, die Schrift hängt an ihm als ein *character indelibi-*

lis, untilgbar wie das unauslöschliche Siegel, von dem ein gewisser Taufritus spricht. Für die Schriftsteller gilt darum, in Abwandlung eines psychoanalytischen Mottos, der Satz: wo Tätowierung war, soll Kunst werden, oder: wo Brandmarkung war, soll Sprache entstehen. Mit dem bloßen Vorzeigen der alten Zeichnungen ist es in der Literatur ja nicht getan. Indem ich sprechen lerne, gewinne ich auch Freiheit von den Zeichen, die ich bin. Es gibt wohl keine Literatur ohne urschriftliche Tätowierung, aber die Tätowierungen als solche sind keine Literatur – sie bleiben die monotonen Spuren einer unvergangenen Vergangenheit, die sich beharrlich wiederholen, zeitlos wie das Unbewußte und unbelehrbar wie Instinkte. Doch der später gewonnene oder erkämpfte Abstand von den eingestochenen Grundwörtern sorgt für den Zufluß neuer Zeichen, durch die die Welt herankommt, um sich in frei Gesprochenes zu verwandeln. Je mehr neue Weltzeichen hinzukommen, desto mehr verblaßt auch die alte Nadelschrift, und was wir sagen können, entfernt sich bis zur Unkenntlichkeit von dem, was sich an unserem eigenen Leibe selbst sagt. Zuletzt ist, in einer ganz versprachlichten Welt, das ferngerückte Gerede selbstläufig geworden – schalten Sie einen beliebigen Sender ein, meine Damen und Herren, öffnen Sie das nächste Magazin, und Sie wissen, was ich meine, Unverbindlichkeit auf allen Kanälen, Leichtsprache aus jeder Redaktion. Sobald das beliebige Reden allgegenwärtig geworden ist, kann auch ein Bedürfnis nach einer Offenlegung der authentischen Tätowierungen aufkommen. Dann aber ist auf einmal von Tätowierung ohne Metapher die Rede. Wo das neubürgerliche Geschwätz herrscht, entsteht ein Hunger nach essentiellen Zeichen, nach blutigen Ritzungen und Brandzeichen der Existenz. Man weiß zwar, Tätowierung ohne Sprache ist Monotonie, aber Sprache ohne Tätowierung ist Beliebigkeit, und wem aus eigener Erfahrung deutlich wurde, daß Beliebigkeit das größere Übel ist, wird möglicherweise bereit sein für die gewaltsame Monotonie der Reduktionen auf unauslöschliche Erkennungszeichen – bereit für das Messer an der Stirn und die Tinte unter der Haut.

Es war Hugo Ball, der in seiner poetologischen Abrechnung mit der dadaistischen Farce die Idee der offenen Tätowierung zuerst in seine kunstkritischen Überlegungen aufnahm. Er meinte, in ihr eine Geste zur Wiederherstellung des Ernstes entdeckt zu haben. Nach seinen Auftritten im Cabaret Voltaire als Onomatopoet, magischer Bischof und Nonsensrezitator hatte er verstanden, daß sich Beliebigkeit nicht mit Beliebigkeit schlagen läßt – die Bürger können's doch immer besser. So fand er zur Idee des Schriftstellers als Zeugen zurück.

»Ob man sich« – fragt er in seinen Tagebüchern – »ein Herz auf die Stirn tätowieren sollte? Alle Welt würde dann sehen: das Herz ist ihm in den Kopf gestiegen. Und da es ein tintenblaues, ein sterbeblaues, ein agonisches Herz wäre, könnte man auch sagen: der Tod ist ihm in den Kopf gestiegen. Wir brauchen nur aufzuschreiben, wie tief uns der Schrecken traf.«

An einer anderen Stelle notiert er:

»Das Tätowieren war ursprünglich wohl eine hieratische Kunst. Wenn sich die Dichter ihre Verse oder auch nur ihre Urbilder ins eigene Fleisch schneiden müßten, würde wohl weniger produziert werden. Andererseits würden sie den ursprünglichen Sinn der Publikation als eine Form der Selbstentblößung weniger umgehen können.«

»Die Poesie zwingt sich nicht auf, sie setzt sich aus«, hatte Celan gelehrt. Inzwischen wissen wir, daß Poesie sich aussetzt, weil sie von etwas Zeugnis gibt, dem ihre Sprecher ausgesetzt waren, ehe es bei ihnen zur Selbstaussetzung kam. Auf unwillkürliche Weise ist die poetische Schrift schon immer dem Zeugnis nahe, sofern sie ein altes Engramm paraphrasiert, überschriftet und zutage redet. Denn nur indem sich die Tätowierung noch einmal aufs Spiel setzt, wird Poesie als Sprache möglich. Durch die Übernahme und die Veröffentlichung der Urtätowierungen öffnet sich der literarische Raum – ich werde bei späterer Gelegenheit Argumente dafür vorlegen, daß es sich zugleich um den dramatischen und philosophischen Raum handelt, durch dessen Aufgehen erst die Bühne aller eigentlich menschlichen Auftritte eröffnet wird. Wenn die Literatur mit ihrem Veröffentlichungsrisiko das Tätowierungsrisiko erneuert, so entgeht sie der Beliebigkeit und der Dekorativität. Daher – trotz großer Differenzen – die Verwandtschaft zwischen Celans kunstmetaphysischer Maxime und Hugo Balls martyrologischer Definition der Literatur. Daß die Poesie sich aussetzt, ist ja keineswegs dasselbe wie die Forderung, daß Publikation Selbstentblößung sei, und doch ist das eine mit dem anderen durch eine gestische Brücke verbunden. Im einen wie im anderen Fall ist eine offenlegende Gebärde vonnöten, ein Sieg über die Atemnot, ein Nachvornegehen, ein Herausstellen, ein Offenlegen und Zuhörengeben, ein Opfer an Heimlichkeit zugunsten von Öffentlichkeit, ein Verzicht auf Privatnacht und -nebel zum Vorteil eines Aufklarens unter gemeinsamen Himmeln.

Meine Damen und Herren, die Annäherung zwischen Celan und Ball, zwischen den Ideen des Sichaussetzens der Poesie und der Selbstentblößung der Poeten, ist von meiner Seite nicht interesselos vorgenommen worden. Was mich an dieser Konstellation der Geister anzieht, ist die Möglichkeit, die Celanschen und Ballschen Gedanken mit dem pantomimischen Wahrheitsbegriff des antiken Kynismus zusammenzuführen. Denn Hugo Balls Idee des Zeugen, seine Vision des tätowierten Schriftstellers, der seine Urbilder leibhaftig zur Schau stellt, ist nicht nur eine Übertragung des Märtyrerprinzips auf die Ästhetik; sie enthält auch einen unverkennbaren Hinweis auf die Entblößungsgebärden des philosophischen Satirikers in der Tonne. Hugo Ball war sich darüber im klaren, daß er ein Nachfahre des Diogenes von Sinope war, des Entdeckers der pantomimischen Universalien. Er meinte freilich auch zu wissen, daß sein antiker Vorgänger es besser hatte als der moderne Erbe, denn als Diogenes mit der Laterne nach Menschen zu suchen begann, besaßen die Bürger von Athen die »witzige Bonhomie, ihn suchen zu lassen«. Auf die modernen Selbstentblößer hingegen warte die Gefahr des politischen und des psychiatrischen Totschlags – man muß anmerken, daß Hugo Ball die Bonhomie unseres Zeitalters verschweigt, die Künstler zu Lebzeiten in die Kunstgeschichte eingehen zu lassen. Für den späteren Hugo Ball, der sich vom Dadaisten zum Befreiungstheologen gewandelt hat, ist der Künstler, der die Wunden der Zeit exemplarisch an sich selbst sichtbar macht, halb Kyniker, halb Märtyrer. Indem er sich der allgemeinen Sichtbarkeit übergibt, spielt er den Narren und kommt dem Heiligen nahe. Mit einer Seite seiner Existenz greift er an und stellt bloß, mit der anderen Seite ist er der schlechthin Angegriffene und Bloßgestellte. Und nur indem er beides zugleich ist, und ungeschützt in beidem, nimmt der Künstler sein Zeugenamt im vollen Sinn des Wortes wahr. Das besagt: Es geht in der Kunst um das Zeugnis und dann erst um die Kreation, und steht es um die Rangordnung dieser Funktionen anders, so wird die Kunst zur Besessenheit und zur Narkose, sie spielt sich auf, sie zwingt sich auf, sie wird zu einer Instanz der Weitergabe von glanzvollem Elend.

Ich muß, meine Damen und Herren, gestehen, daß ich durch die Beschäftigung mit den Schriften des deutschen Dissidenten Hugo Ball nachträglich viel über das gelernt habe, worum es mir in der *Kritik der zynischen Vernunft* zu tun war. Die Ballsche Vermittlung zwischen dem Komödianten und dem Zeugen hat mich davon überzeugt, daß der Kynismus ein Verismus ist. Beide verkörpern voneinander nicht zu trennende Schwierigkeiten beim Offenlegen der Wahrheit unter Bedingungen der sogenannten hohen Zivilisation. Aber was ist dann Verismus wirklich? Wie komme ich dazu, in ihm mehr zu sehen als eine Variante des naturalistischen Stils, dem im neunzehnten Jahrhundert der Durchbruch gelang und der es im zwanzigsten zu einigen grellen Nachzündungen brachte? Ich habe schon früher dafür plädiert, im kynischen Phänomen mehr zu sehen als ein hanswurstiges oder regressives Zwischenspiel der großen argumentierenden Philosophie. Ich hatte vorgeschlagen, in ihm eine vorsprachliche Manifestation von Wahrheit zu erkennen, eine Form von Unverhohlenheit, die in die Gebärde schlägt. Die kynische Geste offenbart eine pantomimische Qualität der *aletheia*. Behaupte ich nun, daß der Kynismus ein Verismus ist, so habe ich zu zeigen, daß der Verismus mehr als eine häßliche naturalistische Manier darstellt, an der vor hundert Jahren manche kleinbürgerliche Wahrheitsfanatiker ihre Genugtuung gefunden haben. So wie das kynische Argument eine leibhaftige Kritik der idealistischen Abstraktion war, so setzt der Verismus eine Kritik der ästhetischen Abstraktion in Gang. Was Verismus und Kynismus gemeinsam haben, ist also ihr Engagement für Wahrheit von unten und gegen den schönen Tod von oben. Wann immer die Poesie sich aussetzt, erneuert sich auch dieses Engagement gegen die falsche Höhe. Sie setzt sich aus gegen das Schonbescheidwissen von oben, gegen die Selbstsicherheit, gegen den Ästhetizismus – gegen die Damen-und-Herrenkultur und gegen die Redakteurskultur mit ihren Besitzständen und ihren Maßstäben, die sich aufzwingen, wo sie können. Wenn sich die Poesie aber aussetzt, so tut sie das vor allem um ihrer selbst willen, weil sie ihrerseits ständig an der ästhetischen Abstraktion zu sterben droht. Es ist ihr eigenes unumgängliches Wagnis, sich immer von neuem am veristischen Risiko zu regenerieren. Sich regenerieren heißt von vorn beginnen, den Schlüssel immer wieder verlieren, der gestern noch sicher die Schlösser öffnete, es heißt zurückgehen vors schon Gekonnte, sich entblößen bis auf die Tätowierungen, die monoton ins nichtssagende Fleisch eingeschnitten sind, es heißt zurückblättern auf die unbeschriebenen Seiten am Anfang, auf denen wir ohne Eigentum sind und die Leere spüren. In diesem Sinn scheint es mir legitim, zu sagen, daß Verismus nur zufällig und nebenbei auch einmal eine Schreibweise, eine Manier, ein Stil der Kunst gewesen ist. Sein wirklicher Sinn ist es, eine permanente innere Bedingung von Kunst zu sein – sofern es keine Kunst gibt, die nicht auf ihre Weise Erfahrung macht mit dem Sichaussetzen und mit dem Nachvornestellen von Gebilden. Dürfte man auf Frankfurter Boden das Wort Ontologie gebrauchen, ohne der Mißverständnisse gewiß zu sein, würde ich nicht vor der Behauptung zurückschrecken, daß die veristische Bewegung ins Unverhohlene selbst eine ontologische Bedingung der Kunst sei. Die Poesie gibt zu hören, die bildenden Künste geben zu sehen, die Literatur gibt zu lesen – doch sind diese Formen von »Gabe« nicht nur Vorgaben in der Bedeutung, daß das Werk wohl oder übel seiner Rezeption vorgegeben sein muß. Was eigentlich zu hören, zu sehen und zu lesen gibt, sind Vorgaben, die zugleich Vorstöße und Vorfälle ins Offene sind; es sind die Freigaben und Offenlegungen, in denen Hörbarkeiten und Sichtbarkeiten erst wirklich als solche aufgehen. Das Wesen der

Kunst ist somit selbst nichts Kunstartiges. Nur etymologisch scheint Kunst von Können zu kommen, in der Sache kommt Können selbst schon von Eröffnen. Darum ist keiner Kunst der veristische Zug ganz fremd – denn was sich aussetzt, auch Sanftes, Wehrloses, Inoffensives, eröffnet eine Welt und ist durch das bloße Herauskommen schon eine Eröffnungsheftigkeit an sich. Was immer virtuell und verborgen bleibt, kompromittiert sich nie. Aber die Kunst, wie alle übrige Schöpfung, beginnt mit dem Entschluß, sich zu kompromittieren und dem Sichtbarkeitsrisiko auszusetzen. Selbst der biblische Gott ist dieses Risiko eingegangen, man weiß nicht, ob aus Einsamkeit oder aus Jovialität, und hat sich mit dem, was folgte, zumindest nach gnostischer Meinung, unsterblich bloßgestellt. Es ist, um es noch einmal zu sagen, wirklich schade, daß dem Frankfurter Ortsgeist die ontologischen Töne soviel Widerwillen entlocken – man hätte sonst an dieser Stelle sehr aufregende Ideen über eine Ontologie der Publikation ausführen und zeigen können, daß Veröffentlichen mehr ist als ein kommunikativer Akt zwischen Sendern und Empfängern; man könnte sorgfältig darlegen, daß Publizieren, richtig verstanden, das Grundereignis einer politischen Ontologie ist, weil erst durch eröffnende, einräumende, freilegende, nach vorn stellende und vorgebende Gesten die Möglichkeiten und die Räume für alle einzelnen sogenannten Äußerungen und Veröffentlichungen geschaffen werden. Man könnte sogar Celans Gedanken aussetzungsontologisch zu Ende denken und den Verismus der Kunst aus der Analogie der Geburt erläutern – immerhin heißt das Anknüpfen von Menschen an ihre Geburtsbewegung nicht weniger, als es zu einer Welt zu bringen. Aber ich denke nicht daran, meine Damen und Herren, mir an philosophischen Grundsatzfragen von dieser Größenordnung die Finger zu verbrennen.

So kehre ich zum Bild des tätowierten Lebens zurück. Ich habe gesagt, es gibt Literatur, weil Individuen existieren, die ihr Leben so führen, als befolgten sie den Satz: wo Tätowierung war, soll Sprache werden. Nun gehört nicht viel theoretische Phantasie dazu zu ahnen, daß zwischen dem, was ich Tätowierung nenne, und dem, was psychologisch das Unbewußte heißt, ein dichter Zusammenhang bestehen muß. Die Brücke zwischen beiden führt über eine Zeichentheorie – besser eine Zeichnungstheorie. Es kann kein Zufall sein, daß Hugo Ball gerade auf die Stirn zu sprechen kam, als er an eine Schreibfläche für sein sterbeblaues Herz dachte. Die Stirn gehört zu den Körperregionen, die dem Einzug des Unbewußten besonders offenstehen – denn Stirnen ist es eigentümlich, sich selbst nie zu sehen. Sie sind das schlechthin den anderen Zugekehrte und liefern somit ein Beispiel für den seltsamen Sachverhalt, daß nichts öffentlicher sein kann als das mir Unsichtbare. Was ich selbst nicht anschaue, ist *a priori* den anderen ausgesetzt. Menschen wachsen in ihre Individualität nicht anders hinein, als indem sie sich einen Reim auf die Differenz von innen und außen machen lernen: sich selbst zu entgehen und für die anderen ein Gegenstand zu sein. Auch wer keine Herztätowierungen zur Schau trägt, muß die Stirn haben, seine Unsichtbarkeit für sich selbst im Krieg der

Blicke zu behaupten. Das Stirnbeispiel, beim Wort genommen, legt einen bizarren Zug des Unbewußten frei: was wesentliches Unbewußtes ist, hat die Eigenschaft, sich selbst nicht nicht verraten zu können. Sein Selbstverrat gehört zu seiner Wirklichkeit ebenso wie das Schimmern der Tinte zur schriftunterlaufenen Haut. Es schreit sich immer selbst hinaus, doch können die Tätowierten ihre Schriftbilder und Brandzeichen unmöglich selber lesen. Die Inschriften stehen regelmäßig an den entzogenen Stellen, an die kein eigenes Hinsehen und Hinfühlen reicht – am blinden Fleck der Seele, an den unzugänglichen Rändern, auf den Kehrseiten und Rückenflächen des dunklen Körpers, der ich bin.

Was das Leben am härtesten in uns einprägen und zugleich am weitesten vor uns verstecken wollte, das schrieb es den Individuen zwischen die Schulterblätter. Dort sind unsere unbewußten Missionen eingestochen. Auch wer wie Siegfried im Drachenblut gebadet und sich vermeintlich unverwundbar gemacht hat, trägt dort eine offene Stelle, sein selbstverräterisches Lindenblatt, herzförmig und ichfern, und ohne Zweifel gibt es dafür irgendwo einen mörderischen Beobachter, dem der geheime Fleck wie eine Zielscheibe vor Augen steht. Aber daß diese Scheibe auch eine schwarze Tafel sein könnte, auf der die absoluten Inschriften stehen – war dies nicht Antonin Artauds Vision, als er sich in luzider Zerrüttung an einer Pariser Bushaltestelle, mit einem Bleistift in der Hand, in vergeblichen Versuchen wand, seinen eigenen Rücken auf Höhe der Schultern zu beschriften?

Meine Damen und Herren, es führt von hier aus eine Spur zur ältesten poetologischen Überlieferung. Orpheus, der griechische Protopoet, ist vom Kummer über den Tod Eurydikes so zerrissen, daß er bereit ist, zur Unterwelt hinabzusteigen, um von den Göttern der Dunkelheit Eurydike zurückzuerbitten. Daß das Leid, das ihn bewegt, auch andere zu bewegen vermag, zeigt sich an dem unglaublichen Ausgang des Unternehmens: die Hölle selbst läßt sich erbitten. Mit seiner Kunst hat Orpheus die Grenzen des Todes verschoben, er erhält die unerhörte Erlaubnis, die geliebte Tote zum Licht und zu den Lebenden zurückzuführen, unter der unerbittlichen Bedingung, daß er während des Rückwegs zur Tagwelt sich keinesfalls nach ihr umdrehen darf; solange das Reich der Schatten zu durchqueren bleibt, soll er das Objekt seines Begehrens nicht betrachten. Aber dem Orpheus diese Bedingung stellen heißt, von dem, der Unmögliches fordert, das Unmögliche fordern, denn ein Verlangen, das sich nicht vom Faktum des Todes hat einschüchtern lassen, wird sich auch an die Vorschrift, sich nach der Geliebten nicht umzudrehen, kaum halten können. Das Verlangen des mythischen Dichters schließt ja die Unfähigkeit ein, sich dem Gesetz der Trennung zu beugen, das im Tod des anderen den härtesten Ausdruck findet. Wenn der Tod selbst nicht eindrucksvoll genug ist, um den Wunsch nach IHR zu entmutigen, dann ist auch das Gebot zu schwach, das ihm die »verfrühte« Zuwendung zur Geliebten untersagt. Also muß Orpheus sich umdrehen, also muß er die Regel brechen und Eurydike wieder verlieren, diesmal für immer. Hätte Orpheus die Vorschrift befolgen können, so wäre er nicht der Mann, der für Eurydike ein zweites Leben gefordert hat. Er wäre nicht der Dichter, der den Gesang im Unmöglichen angestimmt hat – und von Anfang an wäre es ihm sinnlos erschienen, die oberen Götter beugen zu wollen und die Unterwelt zu bewegen.

Meine Damen und Herren, es gibt für die Situation der Literatur kein stärkeres Bild als das des ungeduldigen Sängers Orpheus, der mit einer beinahe lebenden Verstorbenen im Rücken die Todeszone durchwandert, dem Tag entgegen. Gewiß, er wird die fatale Umdrehung nicht unterlassen, er wird die Vorschrift brechen, schon weil das Eindringen in die Nachtwelt den Bruch mit allen Gesetzen des Möglichen impliziert. Der Dichter ist derjenige, der im Unmöglichen selbst das Wirkliche sucht. Darum verliert er erneut das Liebesobjekt, um dessentwillen die Hadesfahrt unternommen wurde. Dies läßt ahnen, daß der Dichter und Totenweltfahrer auch der exemplarische Tätowierte ist. Ihm steht eine Todeserfahrung zwischen die Schulterblätter geschrieben, die ihn für immer zwingt, von etwas Verlorenem zu singen. Mit Eurydike bei den Schatten macht er eine Erfahrung, die für jede Literatur, die sich aussetzt, gültig bleibt. Solange er sie kraft seines poetischen Begehrens hinter sich tagwärts, weltwärts, sprachwärts mit sich führt, solange er sich nicht umwendet, um sie zu besitzen, solange besiegt er das, was Menschen sonst sprachlos macht und zur Unterwerfung verführt, den Tod. Dadurch wird Orpheus zum ersten Zeugen der Poesie – zum Redner gegen den Tod und gegen die Sprachlosigkeit. Er ist vom Unerträglichen an seiner unzugänglichsten Stelle gebrandmarkt, die wohl den anderen sichtbar sein mag, aber nicht ihm selbst. So ist sein Schicksal nicht völlig unverständlich, daß nur eine Geschichte über ihn überliefert wurde, aber kein Gesang von ihm. Poetologisch ist dieser Umstand von Bedeutung, denn es zeigt sich auch hier, daß das Zeugnis mehr zählt als die Kreation. Für uns bleibt die Aufgabe, zu begreifen, daß das Verbot, sich umzudrehen, nur die Unmöglichkeit umschreibt, sich selbst zwischen die Schulterblätter zu schauen, wo die Feuerzeichen der unwiderruflichen Trennungen stehen. Deswegen soll sich der Dichter vom Objekt seines Begehrens kein Bildnis machen. Aber was Orpheus nicht soll, ist mehr noch das, was er nicht *können* wird, und was er doch wollen muß, um seinen Atem zu finden. Orpheus muß verlieren, was er begehrt, weil er es schon verloren hat. Aber zwischen dem Verlorenhaben und dem erneuten Verlieren öffnet sich Raum für ein Leben, das atmenden, sprechenden, begehrenden Wesen entspricht. In diesem Raum leisten wir Widerstand gegen das allzu Wirkliche und lernen, Anfänger des Unmöglichen zu sein. Diesen Raum eröffnet die Poesie, indem sie sich ins Ungewisse aussetzt. Durch ihre Aussetzung beginnt sie das Unannehmbare zu umspielen. So läßt sich die Eindeutigkeit des Todes in die Vieldeutigkeit des Lebens überführen. Aus der Unversöhnlichkeit der Trennungen erwächst der Zauber neuer Verbindungen, die das Fatum vertagen.

Meine Damen und Herren, ich habe im Titel dieser Vorlesungen eine Poetik des Zurweltkommens angekündigt, die zugleich zeigen soll, wie wir zur Sprache kommen. Es scheint, als sei davon bisher nur wenig deutlich geworden. Was mich betrifft, wäre ich mit diesem Eindruck zufrieden, wenn er einen Anreiz dafür liefert, beim nächsten Mal ernsthaft zur Sache zu gehen. Meine Damen und Herren, ich freue mich darauf, Ihnen in einer Woche einige Gedanken über eine Poetik des Anfangens vortragen zu dürfen.

2. Poetik des Anfangens

Das Anfangen ist eine seltsame Sache. Wenn ich nicht darüber nachdenke, weiß ich, was anfangen ist, denke ich aber darüber nach, weiß ich es nicht.

Meine Damen und Herren, stellen Sie sich bitte vor, eines Tages klopfte es an Ihrer Tür, Sie öffnen, und ein Unbekannter tritt ein, grau gekleidet, einen Koffer in der Hand, ein großgewachsener Mann, dessen Äußeres eine dezente Armut widerspiegelt. Wenn Sie sich diese Szene lebhaft vergegenwärtigen, dann könnte es Ihnen im folgenden ergehen wie dem Erzähler von Jorge Luis Borges' unheimlicher Erzählung vom Sandbuch. Der Fremde, offensichtlich ein Nordländer, stellt sich als Bibelverkäufer vor. Aufgrund einer Kombination, die im dunkeln bleibt, scheint er darüber im Bilde zu sein, daß sein Gastgeber, der ihm die Tür seiner Wohnung in der Belgranostraße von Buenos Aires geöffnet hat, ein Sammler von Büchern ist. Der Gastgeber klärt seinen Besucher darüber auf, daß es wahrhaftig nicht Bibeln seien, die ihm fehlten – denn er besitze mehrere englische Bibeln, darunter die von John Wiclif, darüber hinaus auch die von Cipriano von Valera, dazu die Lutherbibel und ein Exemplar der Vulgata. Der melancholische Fremde schweigt eine Weile und erwidert dann, daß er nicht nur Bibeln verkaufe, er könne seinem Gastgeber auch ein anderes heiliges Buch zeigen, das ihn möglicherweise interessieren werde, er habe es an der Grenze von Bikanir gekauft, in Indien. Tatsächlich finden sich auf dem Rücken des auffällig schweren Buches die Worte: Holy Writ, darunter der Name einer Stadt: Bombay. Der Erzähler öffnet das Buch an einer beliebigen Stelle. Die Paginierung der linken Seite trägt die Nummer 40514, die gegenüberliegende rechte Seite hingegen die Zahl 999. Beim Umblättern stellt sich heraus, daß die nächste Seitenzahl achtstellig ist. Der Erzähler schlägt das Buch zu und versucht dann, es an derselben Stelle wieder zu öffnen – vergebens, die soeben aufgeschlagenen Seiten bleiben unauffindbar, so sehr er auch hin und her blättern mag. Der Bibelverkäufer erzählt mit fahler Stimme, er habe den Band in einem Dorf in der Ebene gekauft, im Austausch gegen ein paar Rupien und eine Bibel. Sein vormaliger Besitzer, ein Unberührbarer, der nicht lesen konnte, habe gesagt, dieses Buch heiße das Sandbuch, weil weder dieses Buch noch der Sand Anfang und Ende haben. Nun, meine Damen und Herren, folgt die Stelle, um derentwillen ich Ihnen diese Geschichte ins Gedächtnis rufen wollte. Hören Sie für einige Augenblicke die Stimme des Erzählers im direkten Zitat.

»Er – der Verkäufer – forderte mich auf, die erste Seite zu suchen.

Ich legte meine linke Hand auf den Einband und schlug das Buch auf, indem ich den Daumen gegen den Zeigefinger drückte. Meine Bemühung war umsonst: es blieben stets einige Seiten zwischen dem Buchdeckel und meinem Daumen übrig. Sie schienen aus dem Buch zu entspringen.

Nun suchen Sie die letzte Seite.

Auch hier scheiterten meine Versuche. Mit einer

Stimme, die kaum noch die meine war, stammelte ich:

– Das ist nicht möglich.

Der Bibelverkäufer erwiderte immer noch mit leiser Stimme:

– Das ist nicht möglich, und dennoch ist es so. Die Zahl der Seiten dieses Buches ist exakt unendlich. Keine ist die erste, keine ist die letzte. Ich weiß nicht, warum sie auf so willkürliche Art numeriert sind. Vielleicht um auszudrücken, daß die Elemente einer unendlichen Reihe auf absolut beliebige Weise beziffert werden können.

Dann fügte er, als ob er laut nachdächte, hinzu:

– Wenn der Raum unendlich ist, sind wir an einer beliebigen Stelle im Raum. Wenn die Zeit unendlich ist, dann sind wir an einer beliebigen Stelle in der Zeit.«

Meine Damen und Herren, es kostet wenig Mühe, sich vorzustellen, daß der Wunsch, sich dieses Buch anzueignen, für einen Bibliomanen unwiderstehlich sein muß. Ebenso einsehbar ist auch, daß ein solches Buch, einmal erworben, seinen neuen Besitzer bald davon überzeugen wird, wie unerträglich es ist, dergleichen im Haus zu haben. Ein Buch ohne Anfang und Ende ist für menschlichen Besitz ungeeignet, der Verstand gerät in Gefahr, sich ans Monströse zu gewöhnen, und blättert einer zuviel in dem maßlosen Buch, so riskiert er, selbst zum Monstrum zu werden. Der Fortgang von Borges' Geschichte beweist dies deutlich. Es ist am Ende ein weiser Entschluß, wenn der Erzähler – nachdem er monatelang die verwüstenden Wirkungen des unendlichen Buches auf sein Leben erfahren hatte – das Teufelswerk auf irgendeinem feuchten Regal in den Kellern der argentinischen Nationalbibliothek ablegt und alles tut, um die genaue Stelle zu vergessen, wo er es »verlor«. Als reinblütiger Bibliomane hatte er wie instinktiv das unmögliche Buch an sich gebracht. Bald zwangen aber die Klugheit – und der pure Selbsterhaltungstrieb – den Liebhaber dazu, das unbesitzbare Objekt aus den Händen zu geben. Allein der Gedanke, es besessen zu haben, ist nicht ungefährlich – denn wer diesen Gedanken nicht aus seinem Bewußtsein streichen kann, fällt leicht der Melancholie zum Opfer. Die Kehrseite eines grenzenlosen Besitzes ist notwendigerweise ein unendlicher Verlust, und in diesem liegt die Bedingung der Melancholie.

Meine Damen und Herren, ich spreche heute über die Schwierigkeit anzufangen und möchte einige Bausteine zu einer Poetik des Anfangens zusammentragen. Was Borges' abgründige Erzählung zu diesem Vorhaben beiträgt, geht aus dem zitierten Abschnitt hervor. Denn an seinem monströsen Buch tritt eine Schwierigkeit auf, die im allgemeinen keine zu sein scheint: die Schwierigkeit, die erste Seite eines Buches aufzuschlagen. In einem unendlichen Buch gibt es keine erste Seite, jeder Versuch, an den Anfang des Textes zu gelangen, wird von dem Teufelsschriftwerk unterlaufen, zwischen den Buchdeckel und die aufgeschlagene »erste« Seite schieben sich unaufhörlich neue Blätter ein, so daß keine Seite wirklich die erste ist, so nahe sie auch am Einband liegen mag. An einem solchen Buch läßt sich Entscheidendes über die Frage des Anfangens in Erfahrung bringen. Natürlich kann nicht davon die Rede sein, daß man nicht anfangen könnte, in einem Buch von dieser Art zu lesen; man kann in ihm, ja man muß in ihm zu lesen anfangen, wo immer man will. Aber dieses Buch läßt erkennen, daß Anfangen und am Anfang anfangen zwei sehr verschiedene Dinge sind. Mit diesem Unterschied werden wir es heute zu tun haben, und wenn Sie so freundlich sind, sich der vergangenen Vorlesung zu erinnern, so wissen Sie auch, daß wir es in ihr schon einmal damit zu tun bekommen hatten. Weil die Gelegenheit günstig ist, füge ich hinzu, daß wir gleichfalls in allen folgenden Vorlesungen auf den genannten Unterschied stoßen werden, und mache ich meine Sache einigermaßen gut, so müßten Sie am Ende das Gefühl mitnehmen, daß in den altvertrauten Unterschied zwischen Anfangen und Amanfanganfangen ein wenig Spielraum gekommen ist, in dem Klarheit und Rätselhaftigkeit gleichzeitig zunehmen.

Meine Damen und Herren, Sie werden zugeben, bei einem normalen Buch ist es noch niemandem in den Sinn gekommen, das Aufschlagen der ersten Seite für ein Problem zu halten. Doch heute ist von keinem normalen Buch die Rede, und es sieht jetzt so aus, als sollten die Dinge an unerwarteter Stelle schwierig werden. Auch das müßte uns nicht erschüttern und würde nur eine literarische oder märchenhafte Art von Problematik hervorrufen, wenn das unendliche Buch, von dem Borges erzählte, nur eine Fiktion ist, der unter keinen vorstellbaren Umständen ein realistischer Sinn entspricht. Ist Literatur immer nur Literatur und Leben immer nur Leben, dann können die Probleme der Literatur unmöglich zu denen des Lebens werden; sie werden dann niemals das sein, was wir in der Metaphysik des Alltags »wirkliche Probleme« nennen. Aber wir sehen schnell, daß die Unterscheidung zwischen Literatur und Leben so eindeutig nicht durchzuführen ist. Sie überzeugen sich, meine Damen und Herren, davon, wenn Sie sich auf ein Gedankenexperiment einlassen. Da ist wieder der flachshaarige schottische Bibelverkäufer mit der melancholischen Stimme. Diesmal fordert er nicht den potentiellen Käufer des Sandbuchs auf, die erste Seite in dem Werk zu suchen, nein, er fordert jetzt von uns, die erste Seite unseres eigenen Lebens aufzublättern, um vorzulesen, was dort steht. Doch halt, unsere Urteilskraft ist auf dem Posten, diese Zumutung wird schnell durchschaut: da wird wieder die alte Buchmetapher bemüht, um die Totalität des menschlichen Lebens vorzustellen – ein Spiel, das sich Menschen gefallen lassen, seit es Bücher gibt. Und warum sollten sie es sich nicht gefallen lassen, solange das Buch in der Welt zu den erfreulichsten Einzelheiten gehört, die für ein Ganzes stehen können. Doch gleich fängt die Sache an, ihre Problemkrallen zu zeigen. Unser Leben, wenn es schon ein Buch sein soll, ist doch auf keinen Fall ein unendliches Buch. Denn wir wissen, daß das Leben, das wir führen, mit der Empfängnis oder der Geburt beginnt und mit dem Tode endet. Es wäre also ein endliches Buch, um im Bild zu bleiben, und menschliche Biographien sind Geschichten, die zu Ende gelesen und von Anfang bis zum Schluß durchgeblättert werden können. Zumindest drängt sich dieser

Anschein auf, solange wir daran festhalten, daß endliche Bücher brauchbare Metaphern für endliche Leben sind. Doch erinnern Sie sich an den melancholischen Bibelverkäufer und seine Aufforderung, die erste Seite des Buches aufzuschlagen, in dem die Geschichte Ihres Lebens verzeichnet steht. Ein solches Verlangen wäre absurd und zynisch, wenn es sich auf die letzte Seite bezöge – das hieße an Lebende die Zumutung stellen, sich selbst schon tot zu denken und ihr Lebensbuch zuzuschlagen. Die Aufforderung, die erste Seite der eigenen Existenz aufzublättern, fällt hingegen ganz in den Bereich des Zulässigen. Seltsamerweise führt in diesem Fall vom Zulässigen zum Möglichen kein Weg. Denn auch in dem endlichen Buch, das von den Anfängen eines endlichen Lebens erzählt, tritt der Effekt auf, der den Erzähler Borges' erbleichen ließ und ihn zu der Bemerkung trieb: das ist unmöglich. Darauf erwidert der Bibelverkäufer, wie gehört, ja, es ist unmöglich, und dennoch ist es so. Werde ich aufgefordert, von meinem Leben zu erzählen und mit dem Anfang zu beginnen, so ergeht es mir wie dem verstörten Bibliomanen von Buenos Aires, nur daß es in meinem Fall scheint, als sollte ich unbedingt am Anfang anfangen können, weil es ja eine endliche Geschichte ist, die ich zu erzählen hätte, wenn ich könnte. Aber merkwürdigerweise bin ich dazu außerstande, denn, so seltsam es auch klingen mag, diese meine Geschichte beginnt in meiner Abwesenheit oder, vorsichtiger ausgedrückt, in Abwesenheit meiner Erinnerung und unter Ausfall meines Bewußtseins, dabeigewesen zu sein. Nehmen wir an, auf den ersten Seiten meines Buches wäre von meiner Geburt zu berichten, so ist diese Unterstellung alles andere als extravagant, da ich, als Held meiner Geschichte, es irgendwie angestellt haben muß, dieser Erde die Ehre meines Besuches zu erweisen. Trotzdem würde man jemanden, der seine eigene Geburt ausführlich und ohne Ironie im Stil einer Ich-Erzählung wiedergibt, sofort für einen Schwindler halten oder für einen Münchhausen, der sich am eigenen Schopf aus dem Mutterschoß zieht. Das heißt aber: auch in unserer endlichen Geschichte, die niemand für indisches Teufelszeug gelten lassen wird, gelingt es uns nicht, die erste Seite aufzuschlagen. Denn können wir sie aufschlagen, so wissen wir schon: es ist nicht die erste Seite. Fangen wir an, von uns zu erzählen, so haben wir mit Sicherheit nicht am Anfang angefangen, sondern bei einem späteren Einsatz – etwa bei der ersten Erinnerung, Papa wirbelt mich durch die Luft, das kleine Ich jubelt auf der Schaukel, wie ich das Familiengeschirr auf die Straße warf. Diese typischen Details zeigen, daß gerade am eigenen Anfang eine nicht zu schließende Lücke aufklafft. Wäre unser Leben ein normales endliches Buch, so verblieben bei ihm, genau wie bei dem monströsen Buch von Borges, zwischen dem vorderen Einband und der Stelle, wo wir für uns selbst zu reden beginnen, ein Bündel nicht aufzuschlagender Seiten. Das besagt nichts anderes, als daß für Menschen, als endliche sprechende Wesen, der Seinsanfang und der Sprachanfang unter keinen Umständen zusammenfallen. Denn fängt die Sprache an, so ist das Sein schon da; will man mit dem Sein beginnen, versinkt man im schwarzen Loch der Sprachlosigkeit.

Dieses zunächst unauflösbare Dilemma hat, soweit wir historisch im Bilde sind, die Menschen schon in der Frühzeit ihres Nachdenkens beschäftigt – lange bevor es Philosophien gab. Vielleicht liegt in der Unmöglichkeit, mit dem eigenen Anfang anzufangen, der Ursprung der mythischen Tätigkeit, die untrennbar scheint vom Phänomen Kultur. Seit »es« sie »gibt«, erzählen Menschen mehr oder weniger phantastische Geschichten über das, was am wirklichen Anfang war, um etwas zu haben, woran sie sich halten können, wenn sie, notorische Spätanfänger, damit beginnen, sich in die laufende Geschichte einzuschalten. Der »Mensch« ist das erzählende Tier, weil er das zum Anfangen verurteilte Wesen ist, das sich in der Welt orientieren muß, ohne am »wirklichen« Anfang als wacher Zeuge dabeisein zu können. Es ist sein Schicksal, nicht mit sich selbst als dem sprachlosen Tier, das Offenheit wittert, anfangen zu können, sondern sich erst von dem Augenblick an zu übernehmen, in dem die Sprache mich mir gibt. Darum stopft er das Anfangsloch mit Erzählungen zu, und er fängt an, sich in Erzählungen zu verstricken, weil er das Wesen ist, das seinen Anfang nicht hat.

Meine Damen und Herren, ich schulde Ihnen wohl einige Auskünfte über die Anfänge meines Interesses an Anfängen. Es besteht keine Gefahr, daß nun meine Jugenderinnerungen folgen – im Memoirenalter bin ich nicht. Ein Stück aus meiner Autobiographie ist im Augenblick nur unter einem, allerdings bizarren theoretischen Aspekt von Interesse. Sollte ich autobiographisch erzählen, wie es mit meinem Interesse an Anfängen begann, so müßte ich anfangen, von meinem Interesse an Autobiographien zu erzählen. Das klingt wie ein Wortspiel – aber ich bemerke dazu, daß von ihm die wirklichen Verhältnisse korrekt wiedergegeben werden.

Ich war schon zur Zeit meines Universitätsstudiums stark angezogen vom Werk Wilhelm Diltheys, eines der Begründer der modernen Geisteswissenschaften. Dilthey war nicht nur der große Denker der geschichtlichen Tatsachen, der es sich vorgenommen hatte, eine Kritik der historischen Vernunft zu schaffen; er war auch der erste bemerkenswerte Theoretiker der Autobiographie. Dilthey ging an der Autobiographie ein philosophisches Problem ersten Ranges auf. Sehr vereinfacht gesprochen: Er gab sich auf die Frage: wie ist historische Erkenntnis überhaupt möglich? die Antwort: so wie autobiographische Selbstkenntnis möglich ist. Diese aber ist nicht nur eine abstrakte Virtualität, sondern hat sich in den Werken eines Augustinus, eines Rousseau, eines Goethe auf exemplarischem Niveau entfaltet. An ihnen tritt mit höchstmöglicher Plastizität eine Grundgegebenheit der menschlichen Existenz zutage: daß »das Leben« an sich bereits die Struktur eines sich selbst verstehenden Ausdruckszusammenhangs hat, der sich intern durchsichtig und intelligibel ist. So ist Leben als solches schon hermeneutisch. Folglich ist auch Geschichte als Wissenschaft nur möglich als eine Ausfaltung aus dem Elementargeschehen der sich selbst verstehenden Lebensgeschichten. Aus der Autobiographik müßten demnach sämtliche Kategorien gewonnen werden, die zum Verständnis der Gegenstände der geschichtlichen Welt vonnöten sind.

Ich fand diese Überlegungen stets faszinierend und habe sie zur Ausgangshypothese einer entsetzlich umfangreichen literaturphilosophischen Untersuchung gemacht, von der ein kleinerer Teil im Jahr 1978 unter dem eher tarnenden Titel *Literatur und Lebenserfahrung* als Buch erschienen ist. Im Resultat waren meine Studien zweifellos diltheykritisch; ich konnte mich nicht davon überzeugen, daß das Modell der Autobiographie wirklich dazu taugt, eine Kritik der historischen Vernunft zu tragen, ich zweifelte zuletzt sogar daran, daß Autobiographien auch nur vom Sichverstehen des Lebens zeugen. So kam ich zunächst zu der Meinung, daß das Phänomen des sich verstehenden Lebens nicht erklärungsmächtig genug ist – und obendrein in sich selbst zu brüchig –, um das ganze Gebäude der Geschichtlichkeit auf ihm zu fundieren. In diesen Zusammenhängen stieß ich zum ersten Mal auf das Problem der Anfangslücke. Hätte Dilthey recht, so müßte das sich wissende Leben auch für die Dunkelheit seiner Anfänge eine erhellende Auskunft finden. Die Autobiographien, die ich untersuchte, zeigten aber unverkennbar, daß sie ihren Anfangskapiteln gerade kein autobiographisches Wissen im engeren Wortsinn zugrunde legen konnten. Wenn es um den eigenen Lebensbeginn zu tun war, gingen die Autoren sofort über den Horizont des Selbstgewußten hinaus, sie griffen zurück auf übernommenes Wissen, auf Geschichten aus dem familiären Hörensagen, auf nachträglich Kolportiertes und Überliefertes; manche Autoren malten breite kulturhistorische Fresken aus, um den Zeitpunkt ihres irdischen Erscheinens zu charakterisieren, als wollten sie ihr Geburtsereignis in eine welthistorische Objektivität tauchen und den *horror vacui* übertünchen, der von der Vorstellung einer Welt ausstrahlt, in der das ichsagende Subjekt noch nicht vorhanden war. All das beweist, daß schon im einzelnen Leben der autobiographische Faden reißt, sobald man ihn weit genug seinen Anfängen entgegen aufspult – um von dem weltgeschichtlichen Zusammenhang nicht zu reden, der als solcher natürlich keinem Individuum in der Art der Selbstkenntnis angehört, es sei denn, es wäre Gott persönlich oder der Weltgeist, von denen wiederum nicht bekannt ist, daß sie autobiographische Ambitionen hätten. – Ich habe von da an mit der These sympathisiert, daß Individuen sich selbst zumindest ebensoviel mißverstehen wie verstehen und daß im gelebten Selbstverhältnis der Menschen stets ein Geflecht von Selbsterhellungen und Dunkelheiten vorliegt. Im Sichkennen des bewußten Lebens spielt stets auch eine konstitutive Blindheit ihre Rolle. Ein wesentlicher Grund für diese Auffassung lag eben in der Anfangsverborgenheit der menschlichen Lebensgeschichten.

Wie man weiß, haben Heidegger und Gadamer aus verwandten Überlegungen auf ein Scheitern des Diltheyschen Ansatzes geschlossen. Weil der Faden der Autobiographie anscheinend notwendig reißt, müßten das geschichtliche Wissen und das Bewußtsein von menschlicher Geschichtlichkeit überhaupt anders fundiert werden, als Dilthey es versuchte. Heidegger läßt das subjektive Wissen der Autobiographik, ja die gesamte Grundstellung der Subjektivität hinter sich zugunsten eines Andenkens dessen, was er Seinsgeschichte nennt. Gadamer sprengt den Horizont von Selbstbewußtseinen zugunsten eines umfassend angelegten Verständnisses von Überlieferungsgeschehen – ich erinnere *en passant* an die einprägsame Formel: Nicht wir haben die Tradition, sondern die Tradition hat uns. Damit scheint ein endgültiges Votum gegen Diltheys Ideen gefallen zu sein – ein Votum gegen die Autobiographik zugunsten einer Theorie subjektüberlegener Überlieferungsprozesse. Die Lebensphilosophie und das Vertrauen in die Luzidität des Subjekts scheinen ausgespielt zu haben, nur auf antidiltheyschen (und antikantianischen) Wegen kann, so ist man überzeugt, die Kritik der historischen Vernunft noch vorwärtskommen. Der Abschied von den überzogenen Ansprüchen an das Erlebte und Selbstgewußte fällt nicht einmal besonders schwer: denn eben dort, wohin nach allgemeiner Übereinkunft kein subjektives Wissen reicht, kann sich das endliche geschichtliche Individuum vom Strom der überlieferten Erzählungen tragen lassen. Sobald man dieses Stromvertrauen genügend stark macht, wäre das Malheur, das in der Dunkelheit unserer Anfänge für uns selbst liegt, auch nur halb so groß – wir wären vom Streß des Selberanfangens und des Selbstwissens von Anbeginn an entlastet, weil die Tradition wie eine große Mutter das Anfangen an unserer Stelle schon besorgt hat. Die Überlieferung fängt mit uns für uns an, bis sich unser »eigener« Geist hinreichend gestärkt hat, um das Geschäft des Anfangens wiederum für andere zu übernehmen. Alles

Selbstbewußtsein wäre demnach bei einem überlegenen Seinsgeschehen geborgt. Wir bräuchten, als Glieder der hermeneutischen Kette, folglich auch keine radikale Autobiographik, sondern wären im Traditionenschoß geborgen wie in einem Mutterschoß, der uns Getragenheit und Freisetzung in einem übermittelt. Es gäbe dann auch kein wirkliches Anfangsproblem, weil alles Selberanfangenwollen zuletzt doch einmünden müßte in die gelassene Anerkennung des Umstands, daß wir nicht selbst angefangen haben, sondern je schon angefangen sind. Wir wären dann, mit anderen Worten, nicht die Täter des eigenen Anfangs, aber auch nicht nur passive Opfer oder Agenten einer fremden Stiftung, sondern Medien, deren Seinsweise sich als ein angefangenes Anfangenkönnen charakerisieren läßt.

Das sind bestechende Überlegungen, wie mir scheint – nicht zufällig findet man einige der stärksten Denker dieses Jahrhunderts unter ihren Urhebern. Folgt man diesen Gedanken bis in den existentiellen Grund, so spürt man eine souveräne Überredung zur Gelassenheit von ihnen ausgehen, sie mahnen davon ab, sich in die Überanstrengung der Subjektivität und ihres Willens zum Selberanfangen zu versteifen, sie laden ein zum Vertrauen in das weltgeschichtliche Gespräch, das uns vom Vergangenen wie vom Zukünftigen her überschreitet, und sie erinnern an die einmalige Verantwortung der lebenden Generationen dafür, daß die Staffel des geschichtlichen Geschehens durch sie weitergeht. Kurzum, es kann an der Generosität und am geschichtlichen Tiefsinn der Heideggerschen und Gadamerschen Überlegungen kein Zweifel bestehen. Woran sich aber Bedenken und Widersprüche entzünden müssen, das ist die evidente Tatsache, daß Mutter Geschichte ihre Kinder oft genug erbärmlich im Stich gelassen hat. In vielen Fällen muß es wie ein Hohn erscheinen, uns an die Tradition zu verweisen, wenn wir uns unserer Anfänge vergewissern wollen. Es mag schon sein, daß nicht wir die Tradition haben, sondern die Tradition uns, aber oft hat sie uns so, wie eine zerstörte Stadt ihre Einwohner hat oder wie der vitiöse Zirkel seine Spieler festhält, die in ihm dem Ruin entgegenrennen. Ja, die Tradition hat uns, das Seinsgeschick trägt uns im Arm, aber wer als Deutscher um die Mitte dieses Jahrhunderts geboren wurde, der kroch aus seinem nationalen Traditionenschoß hervor wie ein Überlebender aus einem zerbombten Haus. In einer solchen Situation, wo man die Wüste erbt, erlangt das Vermögen, selber anzufangen, eine unerwartete neue Bedeutung. Mit einem Mal hat die Gelassenheit, die sich schon angefangen sein läßt, einen schlechten Stand gegen die Entschlossenheit, mit sich selber einen neuen Anfang zu machen. Daraus folgt: Diltheys Appell an die Autobiographie bekommt auf eine überraschende Weise wieder Recht gegen die ontologische Überordnung der Tradition über das Selbstbewußtsein. Was für geglückte Traditionen richtig sein kann – das Sichtragenlassen vom Strom guter Überlieferungen –, ist für mißglückte Traditionen selbstmörderisch und falsch. Mißglückende Traditionen sind wie vergiftete Flüsse: auf ihnen schwimmt der Schaum der Selbstzerstörung fort, sie tragen die Pest verzerrter Lebensformen von den Einleitungsstellen bis in die Meere. Und so bleibt für diejenigen, denen bewußt wird, daß sie in einer Überlieferung der Zerstörung stehen, nur die Zuflucht zu den Kräften des Selberneuanfangens. Sie müssen zurückwollen an reinere Quellen des Selbstseins. Ja, sie müssen die Fähigkeit anzufangen zu außerordentlichen Höhen steigern, weil sie sich eben nicht von weit her zutragen lassen können, was sie in eine gute Form von Selbstheit aufnehmen wollen. Nur weil die Überlieferung auch eine Stiefmutter sein kann, haben sich Menschen ja so leidenschaftlich subjektiviert: deswegen haben sie ihre großartigste und gefährlichste Eigenschaft entfaltet – die Fähigkeit zur Revolution des Selberanfangens gegen das Angefangensein. Das Abenteuer der Subjektivierung ist von dem Willen zu dieser Initiative nicht verschieden. Selbstbestimmung, Selbstverwirklichung, Selbstbegründung – das wären nie große Menschheitsparolen geworden, wenn Menschen vom Beginn der Hochkulturen an nicht ein Interesse daran gehabt hätten, sich von bösen Traditionen freizumachen. Dieses Interesse spinnt einen der Fäden, aus denen die Weltgeschichte gewoben ist: es will sich lösen von Traditionen der Selbstzerstörung, die den Menschen durch alte Weitergabegewalten ins Fleisch gebrannt sind und die unwiderstehlich durch die Jahrhunderte proliferieren.

Meine Damen und Herren, diese Überlegungen führen zu einer philosophiegeschichtlich erregenden These: Das Ringen zwischen Diltheys Idee der Autobiographie und Heideggers und Gadamers Überlieferungsontologie ist weiterhin offen. So überwunden, wie das Gerücht es will, ist Dilthey keineswegs – und es ist, nebenbei gesagt, nicht nur ein Glücksfall für die Ideengeschichtsschreibung, daß sich die Bochumer Diltheyforscher, namentlich Fritjof Rodi, so beharrlich und erfolgreich um die Edition der Schriften aus dem Nachlaß des großen Gelehrten bemühen, sondern es ist dabei auch ein Akt der theoretischen Gerechtigkeit mit am Werk.

Was ich eben über vergiftete Traditionen gesagt habe, meine Damen und Herren, hört sich unvermeidlich an wie ein Kommentar zur neueren deutschen Geschichte. Die Betonung des Vermögens, aus den Kräften des Subjekts neu und quasi *ex nihilo* anzufangen, ist ein notwendiger Zug im Profil der Intelligenz, die hierzulande nach 1945 überlieferungswürdige Formen von Leben in einem Volk von Ausgebombten und Selbstzerstörern stiften wollten. Ich denke, es dürfte im Lauf der Geschichte wenige Generationen gegeben haben, die in allen lebenswichtigen Dingen so sehr zur Autodidaktik verurteilt waren wie diejenigen, die zur Zeit Inhaber deutscher Personalausweise sind. Diese Ausweise sind inzwischen ja fälschungssicher, hört man, die Individuen aber sind es nicht. Wir leben wie kaum ein anderes Volk in einer Tradition des Sichaufnichtsverlassenkönnens. Da ist kaum eine positive Überlieferung, von der man sich tragen und haben lassen könnte, so wie der selige Ruderer auf dem Zürcher See sich von den Wellen schaukeln lassen konnte, als Fötus und Weltkind in einem – ich meine den Kahnfahrer aus Goethes berühmtem Gedicht, auf dessen Berühmtheit aus den eben erwähnten Gründen ebenfalls kein Verlaß mehr ist. Was es in diesem Lande

wirklich gibt, ist eine solide Tradition des Imstichgelas-
senseins von Überlieferungen des Überliefernswerten,
eine Tradition zuverlässiger Unzuverlässigkeit, eine
Tradition des ständigen Sichselbstgutzuredenmüssens,
um gute Miene machen zu können zu bösen Spielen.
Vermutlich ist diese Überlieferungsunsicherheit etwas,
was die deutsche Art des In-der-Welt-Seins schon seit
Jahrhunderten bestimmt. Die Befangenheit der charak-
teristisch deutschen Philosophie von Ursprungs- und
Anfangsfragen ließe sich jedenfalls in diesem Sinn
deuten. Die Frage nach dem Anfang und danach, wie
man es anstellt, mit einem absoluten Anfang anzufangen, gehört zu einer Mentalität, die ihre Fundamente in
den größten Tiefen selber zu legen gezwungen ist, weil
das Vorgefundene und Übernommene nicht das sichere
Gefühl weckt, guten Grund unter den Füßen und
stärkende Überlieferungen im Rücken zu haben. Man
ist hier immer auf eine seltsame Art ontologisch von
schlechten Eltern, man hat Abgründe hinter sich, wo
andere Stammbäume haben, und fühlt sich als Flücht-
ling, wo andere in alten Heimatrechten zu Hause zu sein
scheinen. Seit dem Jahr 1945 hat man vollends das
Unbeschreibliche im Rücken und ist vom unbedingten
Schrecken tätowiert. Wenn also Anfangs- und Ur-
sprungsfragen deutsche Krankheiten sind, so muß ich
gestehen, daß ich an ihnen leide, wie sie im Buche
stehen. Meine Fragen sind offenkundig lehrbuchreif
deutsch, um nicht zu sagen klinisch deutsch, auch wenn
man mir freundlicherweise nachgesagt hat, daß zumindest die Antworten auf eine Genesung vom deutschen
Wesen schließen lassen.

Meine Damen und Herren, ich komme auf die Idee einer radikalen Autobiographik zurück und erinnere an das Pathos des Zuständigseins für das ganze eigene Leben, einschließlich seiner dunklen Anfangsprägungen. Wer Gründe hat, mit sich selber vom frühesten Anfang an neu zu beginnen, der darf sich auch von der Schwierigkeit, die ersten Seiten im Buch des eigenen Lebens aufzuschlagen, nicht entmutigen lassen. Ist nicht die Anfangsvergessenheit, die fast alle natürlich vorkommenden Formen von Selbstbewußtsein prägt, selbst eine Tatsache, die im höchsten Grad zu denken geben müßte? Ist nicht die Enteignung des Selbstbewußtseins von seinem Beginn nicht auch ein verräterisches Faktum, das auf ein Fehlen deutet und so eloquent ist wie das Schweigen, mit dem in manchen Familien die Existenz gewisser Verwandter umgeben wird? Ich muß, wenn ich die Idee der Autobiographie an ihrer dunkelsten Stelle verteidigen will, daran festhalten, daß mein realer Seinsanfang zu mir gehört, auch wenn mein Erzählenkönnen nicht an ihn hinreicht. Kein Überlieferungsgeschehen kann mich in diesem Punkt zum Selbstbetrug verführen, keine seinsgeschickliche Überwältigung kann mir Mutterschöße vorgaukeln, die nicht mein eigener waren, kein Überlieferungsgerede ersetzt den einmaligen Vorgang, der meine zufällige Ankunft in dieser unvergleichbaren Welt bedeutet. Ich stehe mir, auch als Liebhaber der Sprache, selbst zu nahe, als daß ich damit einverstanden sein könnte, erst dort mit meinem Wesen anzufangen, wo meine Redefähigkeit beginnt und mein Sprachgedächtnis Ichkerne gebildet hat. Ich lasse es nicht auf mir sitzen, daß mir die Sprache in allen wesentlichen Angelegenheiten zuvorgekommen ist. Ist es nicht skandalös, daß sie es sich anmaßt, mich vom Anfangen bei den vorsprachlichen Anfängen des Lebens für immer abzutrennen? Auch wenn ich der Sprache Orientierungen und Handlungsfähigkeiten in einer gefährlichen, offenen Welt verdanke: ich weiß doch auch, daß sie mich nur in Besitz genommen hat wie ein Pirat, der mein Leben enterte, als es vom mütterlichen Strand ein Stück weit abgelegt hatte. Sie ging bei mir eines Tages an Bord, mit glitzernden Wörtern und schneidenden Befehlen, wie eine Domina, die mich nach ihrer Pfeife tanzen läßt. Längst ist die Sprache Kapitänin, mit weitgehenden Vollmachten entscheidet sie über das meiste, was an Deck geschieht, auch über viele Angelegenheiten unter Deck. Bei meinem Stapellauf jedoch, um im Bild zu bleiben, das kann ich auf das Sandbuch beschwören, aber auch auf christliche Bibeln, waren noch andere Kräfte am Werk als sprachliche – und damals wurden, soviel steht fest, auf die ersten Seiten meiner Geschichte die folgenreichsten Dinge geschrieben. Selbst wenn ich für immer außerstande bleiben sollte, zu diesen Ereignissen zurückzublättern, so weiß ich doch, daß sie existieren und daß diese Seiten dichte Inschriften tragen. Auf ihnen stehen die Brandzeichen des Lichts, die unauslöschlichen Charaktere, die zur Immatrikulation ins Leben führen. Sie tragen die Tätowierungen der Geburt und der sprachlosen Kindernächte, in denen sich das Weltall öffnet und in denen sich ein *Pavor nocturnus* in die Nerven brennt – der erkennt sich später in der Metaphysik wieder. Seither hat das

Leben tagwärts, sprachwärts, weltwärts geführt – aber der Sprachtag, der Welttag hat die sprachlose Kinderanfangsnacht im Rücken. Er folgt auf die helle Nacht des Nichts, in dem die Welt untergeht, bevor sie aufgehen kann, er folgt auf die unheimlichen Dämmerungen, in denen die Schatten der ungesprochenen Namen und Schicksale wachsen. Der Sprachtag folgt auf das ahnungsvolle Schweben in der Brise des Gefühls, das alles Angrenzende umfließt, so wie Wasser jeder Vasenform folgt. Bevor Wörter und Sätze aufziehen, driftet die Psyche in einem farbigen flüssigen Spüren, das lustlöslich, berührungslöslich, freundlichkeitslöslich der Nachbarschaft der Dinge auf die Spur kommt. Doch seit die Sprache dominiert, seit die Wörter die Dinge nominieren, treten Ich und Welt zunehmend auseinander, die vormals weltlösliche Seele lernt, dem Massiv der Dinge gegenüberzustehen. Durch die feststellende Kraft der Sprache beginnt das Weltplasma zu erstarren. Die unendliche Fläche des Seienden wird in Bedeutungsparzellen aufgeteilt, das endlose Band der Erscheinungen wird in Oppositionen zerschnitten, dem Grenzenlosen werden Ränder und Rahmen angemessen, das Formlose nimmt Gestalten an, das Fließende schießt in feste Bahnen ein, das Ununterschiedene kristallisiert sich aus in die zehntausend verschiedenen Dinge. Die Vokabulare schließen Welten auf, die Grammatiken formen Beziehungen zwischen Seiendem, die Diskurse verwalten die Felder des positiv Wirklichen.

Meine Damen und Herren, die Idee einer radikalen Autobiographie bleibt solange in sich selbst widersprüchlich, wie sie die vorhandene Erzählsprache als eine schon waltende Selbstverständlichkeit gelten läßt, und mit dieser die Ordnungen der Zeit und die curricularen Formen, die das Leben immer schon als Lauf erfaßt haben. Eine Fundamentalautobiographik, die im Lichthof des einzelnen Bewußtseins bleibt und keine Metaphysik der Ichheit bemüht, kommt erst dann in die Anfangsräume des vereinzelten Lebens, wenn es ihm ins sprachlos Flüssige folgt, wo die noch unbenannten Dinge an den Küsten des Begriffs spielen, ohne zu erstarren. Wer zu so frühen Zeichen seiner Anfänge zurückblättert, der fängt im wahren Sinn des Wortes noch einmal an – er schlägt die leeren Seiten auf, in die die ersten Unterschiede eingeritzt werden, er entrollt das lebende Pergament, das die Einstiche seiner besonderen Tätowierung trägt. Was sich da zeigt, bestätigt die psychologische Vermutung, daß es Schichten des Seelischen gibt, in denen die Zeit stillesteht. Kaum liegen aber die Seiten der frühen sprachlosen Gegenwärtigkeit offen, beginne ich zu verstehen, warum ihr Aufblättern so ganz vom Anschein der Unmöglichkeit umgeben ist. Hinter der schützenden Gewißheit, es nicht zu können, rührt sich eine panische Furcht, vielleicht doch dazu imstande zu sein. Denn könnte ich zu meinem wirklichen Beginn zurück, was geschähe dann? Läge nicht auf einmal das anfängliche Grenzenlose wieder offen? Das überempfindliche *Apeiron* der Kindernacht täte sich wieder auf, das endlose Weltbuch rieselte ungebunden auseinander, um die Schrecknisse der Gegenstandslosigkeit heraufzubeschwören. Aber vor allem dies: Es kämen erneut die Wirklichkeitsnadeln auf mich zu, um mich mit der furchtbaren Tinte der Identität zu zeichnen, und wieder näherten sich die glühenden Eisen meiner Haut, um mir erkennbare Eigenschaften einzubrennen und mir fälschungssichere Trennungszeichen zwischen den Schulterblättern einzuritzen.

Weil das radikale Zurückblättern im Lebensbuch mit dem Risiko verbunden ist, den frühen Schrecken wieder zu begegnen, ist es für uns meistens eine wohltätige Fiktion, zu glauben, man habe die vorsprachlichen Ereignisse zuverlässig vergessen. Was würde aus dem menschlichen Bedürfnis nach stillen Tagen, wenn diese nicht im Schutz der Anfangsdunkelheit verlebt würden?

Meine Damen und Herren, ich will mit diesen Überlegungen zu verstehen geben, daß man sehr starke Gründe haben muß, um das radikalautobiographische Experiment des Neuanfangens am frühesten Anfang zu unternehmen. Mit Neugier und mit akademischen Motiven kommt man bei einer solchen Expedition nicht weit. Nur wenn eine Lebensform scheitert, wenn eine vergiftete Überlieferung sich selbst in einem Einzelbewußtsein unerträglich wird, wenn ein Wille aufkommt, aus einem Teufelskreis auszubrechen und sich von einer familiären und nationalen Zerstörungstradition loszureißen, nur dann wird das Pathos des Anfangens zu einer wirklichen Passion. Ob das zu gültigen Erfolgen führen kann, ist eine Frage, die ich vorerst auf sich beruhen lasse. Es genügt hier, auf das tatsächliche Vorkommen des Willens zum Neuanfang und des Glaubens daran, daß er möglich sei, hinzudeuten. Zum

Beweis dieses Willens und Glaubens sind einige der wichtigsten Phänomene menschlicher Kultur zu nennen: die Religionen mit ihrer Verheißung von Wiedergeburten; die Poesie mit ihrem Engagement, bessere mögliche Welten neben die wirkliche schlechte zu stellen; die Therapeutiken mit ihrem Versprechen der Möglichkeit neuer Lebensanfänge; und die ursprüngliche Philosophie mit ihrem Vorsatz, den denkenden Seelen den Abschied von entstellenden Vormeinungen zu erleichtern, um sie im Licht wahrer Überlegungen neu zur Welt zu bringen. Religion, Poesie, Therapeutik und mit Einschränkung auch Philosophie sind im ganzen gesehen konstante Institutionen der Hochkulturen. Durch ihr hohes Alter und ihre hartnäckige Wiederkehr beweisen sie, daß unzählige Menschen seit Jahrtausenden die stärksten Gründe gekannt haben, radikale Neuanfänge des Lebens zu fordern. Seit dem Beginn der schriftlichen Überlieferungen zeigen sich die vielfältigsten Impulse, die vom Bedürfnis nach Löschung böser Lebenserfahrung zeugen und vom Verlangen nach einer Wiederherstellung der Chancen, die einmal offenstanden, als die ersten Blätter des Lebens noch unbeschrieben waren. Ohne die Fähigkeit zum Neuanfangen aus besseren Motiven oder, wie man heute sagt: ohne den Mut zum Vorgriff auf kontrafaktische Annahmen, wäre die Menschheit, vor allem in ihren historischen Kernkulturen, wohl längst an den erworbenen Erfahrungen gestorben, sie wäre an Altersschwermut, am Leichengift des Tatsachenbewußtseins zugrunde gegangen. Die tausendjährigen Lernprozesse der Bitterkeit hätten sie unheilbar lebensmüde gemacht – und ist sie es nicht auch da und dort? Aber gab es nicht zugleich immer ein Ringen zwischen der Tendenz zur Versteinerung und der zur Wiederbelebung? Hat nicht das regenerative Genie von Menschen immer neue Möglichkeiten erschlossen, vor die tödlichen Kapitel der Geschichte zurückzublättern und auf heillose Überlieferung mit der Stiftung neuer Lebensformen aus dem Geist des Anfangens zu antworten? Diese Überlegungen, meine Damen und Herren, machen deutlich, warum eine Poetik des Anfangens das Gegenteil einer romantischen Voreingenommenheit für gute alte Zeiten zur Voraussetzung hat. Denn je radikaler Menschen versuchen, bei sich zurückzublättern, desto mächtiger sind die Gründe, die sie haben, neu zu beginnen, und desto intensiver ist ihre Sorge, daß etwas, was einen schwierigen Anfang hatte, nicht auch ein böses Ende nehmen soll.

Meine Damen und Herren, lassen Sie mich diese Stunde wieder mit einer nicht alltäglichen Geschichte abschließen. Ihr Held heißt Jan van Leyden, was im Holländischen an den Jantje van Leyden, den Bummler und Tunichtgut, erinnert, im Deutschen an eine Romanfigur, in der sich Züge des Eichendorffschen Taugenichts und von Sigmund Freud vereinigen. Man begegnet ihm in einem romanartigen Essay mit dem Titel *Der Zauberbaum – Die Entstehung der Psychoanalyse im Jahr 1785*, wo im Personenregister der Name unseres Helden an zweiter Stelle auftaucht, begleitet von folgendem Signalement: »ein junger Arzt aus Wien, passiver Charakter, lernfähig, spekulativ begabt, polymorph erotisch bei okkasionalistischer

Grundhaltung, Typus des Psychonauten«. Offensichtlich handelt es sich bei ihm um einen um hundert Jahre verjüngten Bruder des berühmten Wiener Psychologen. Doch wird van Leyden nie ein Buch mit dem Titel *Die Traumdeutung* schreiben, auch keinen Essay über das Unbehagen in der Kultur. Seine Art und Weise, eine »Psychoanalyse« zu erfinden, weicht von den Vorschlägen seines späteren Wiener Kollegen erheblich ab. Denn ihm drängen sich Erfahrungen auf, die auf tiefere Wurzeln menschlicher Verstimmungen deuten und auf viel frühere Anfänge des Unbehagens in der Welt, als es jene waren, die Freud zur Formulierung seiner Theorie vom Ödipuskomplex führten. Van Leyden hinterläßt kein umfangreiches Werk, sondern nur zwei Briefe, der erste über die bürgerliche Dämonologie – eine Wissenschaft, die unter ihrem offiziellen Namen Psychologie besser bekannt ist –, der zweite über die fluidale Revolution der Neuzeit, die durch Gelder, Nachrichten und andere elektrisierende Dinge ausgelöst wurde, und dazu einen etwas anspruchsvollen Entwurf einer Anthropologie, der unter der Überschrift »Tractatus psychologico-philosophicus« bekanntgeworden ist. Das Schlüsseldokument über van Leydens psychologische Expedition ist jedoch ein Traumprotokoll, das im 18. Kapitel des Buches versteckt ist. Was hier aufgezeichnet wurde, hat die Qualität dessen, was man initiatische Träume nennt. Deren Besonderheit besteht darin, daß sie keine fremdartigen Bilder zur Verschlüsselung geheimer Traumgedanken aufbieten. In ihnen tritt manchmal eine Bildsprache von entwaffnender und erschreckender Direktheit zutage, als habe die Seele das Spiel mit symbolischen Codierungen satt und wollte sich so offen wie möglich zu ihren Inhalten bekennen. Van Leydens Traum zeigt den unzugänglichen Anfang des Lebens von innen her; er ruft herauf, was sich sonst bei Menschen kaum vergegenwärtigt. Er läßt das Ereignis wiederentstehen, von dem die meisten Menschen das Gefühl haben wollen, sie seien nicht selber dabei gewesen. Erst später tragen die Eltern uns zu, wann es geschah, und sie nähren uns mit der liebenswürdigen Suggestion, daß man den Tag bei seiner jährlichen Wiederkehr zu feiern habe. Van Leyden aber will es selber wissen. Er hat sich vom Hörensagen losgemacht, seine Reise in die autobiographische Unterwelt führt weiter als die Tradition. Wie ein aufgeklärter Orpheus steigt er in seinen eigenen Schatten. Er träumt:

»Ein Knurren erfüllte ... den Raum. Es kam, wie er nach einer Weile feststellte, aus seinem eigenen Mund. Langgezogne Schreie begannen sich um seinen Körper zu wickeln. Bald war er steif verschnürt von den Fäden, die aus seinem Mund quollen. Je mehr er davon hervorwürgte, desto länger begann sich die Zeit auszudehnen. Das Warten schwoll in seiner Kehle an wie ein Knebel. Im Gaumen wuchs ein blaues tiefes Gewölbe, von dem nasse Metallplatten in die Brust und die Bauchhöhle herabbaumelten, und wenn die Platten aneinanderstießen, ertönte ein scharfes Schwingen ... Die Zeit wuchs weiter und weiter und wurde zu einer Folter, die nicht mehr enden wollte. Aus dem Inneren des Schmerzes quoll ein unendliches Jetzt hervor, vor dem auszuweichen den Sinn des Lebens bedeutete...

Er spürte das Blut am Gaumen und den Würgegriff um den Schädel. Vom Nasenbein her drang ein tödlicher Druck in das rötlich flimmernde Weltall des Kopfes ein. Wie eine Säure fraß sich die Verzweiflung durch den Innenraum, und die Angst strahlte auf, mit der das Leben sich zum ersten Mal unwiderruflich als verlorenes und begrenztes zu fühlen beginnt...

... er watete mit der Strömung in den dunklen Stollen... bis die Flut zwischen den Beinen reißend anschwoll. Die Wände des unterirdischen Kanals wurden weicher. Sie schwankten wie Schläuche, die sich unter dem Gewicht der durchströmenden Massen winden... Er fürchtete, in den sauren Brühen des Schlauches zu ersticken. Die Flut hämmerte in den Ohren. Von weit her trug sie ein dumpfes Schreien und Stöhnen in seinen Kopf. Die Flut begann reißender an seinem Leib zu zerren. Die Schlauchwände drängten ihn abwärts in einen Kamin, an dessen Ende ein gleißender Schlitz aufklaffte. Es war das Furchtbare selbst. Niemals würde er dem hellen Grauen standhalten. Eine purpurne Flutwelle rollte heran, die wie ein großer elektrischer Strumpf von den Fußsohlen bis über den Bauch glitt. Er preßte sich mit unendlicher Wut gegen den Kamin, an dessen Ende das Licht seine Messer schliff. Noch einmal rollte die Flutwelle mit violettem Funkensprühen durch den Leib, der unendlich langsam stürzte, bis eine weitere Welle kam, die sich grünlich leuchtend über ihn warf, und andere Wellen, die blauer und heller in seinem Leib aufschäumten. Schon war etwas von ihm im Freien, einer grausamen Helle ausgeliefert. Er hatte verloren, und hatte zugleich gesiegt in einem Kampf, den er niemals hätte gewinnen sollen...

Etwas Saures begann zu brennen, ein kühles, großes Feuer versengte sein Inneres, Bitterkeit strahlte auf und im Kopf glühte ein unvergeßlich schmerzvoller Geruch von Chlor und Licht, Säure und Dasein. Eine letzte Welle rollte hindurch und wurde zu einem Schrei, der aus den Beinen stieg und durch die Mundöffnung ins Freie brach. Es war ein Schrei der jubelnden Verzweiflung und des nie mehr endenden Vorsatzes, diesem Entsetzen auf den Grund zu gehen, um hinter den Sinn der Katastrophe zu gelangen. Zwischen seinen Schläfen dröhnten die Glocken des Lichts...« (P. Sloterdijk, *Der Zauberbaum*, Frankfurt/Main 1985, S. 240–242)

Meine Damen und Herren, ich hoffe, Ihnen in der nächsten Stunde Überlegungen vortragen zu können, die ausleuchten werden, was eben zu hören war. Ich spreche dann über die Geburtsblindheit der Philosophie und über die Hebammenkunst des Sokrates. Bei dieser Gelegenheit geht es dem Mythos vom Klapperstorch ein zweites Mal an den Kragen. Beim ersten Mal waren es die kindlichen Sexualtheorien, die einer Aufklärung weichen mußten. Diesmal werden es die Märchen der Erwachsenen sein.

3. Die sokratische Maieutik und die Geburtsvergessenheit der Philosophie

In der heutigen Stunde, meine Damen und Herren, entscheidet sich das Gelingen oder Mißlingen dieser Vorlesungen. Mir ist, als ob an jedem Saalausgang ein steinerner Gast Posten bezogen hätte, um die Kosten für den Aufwand an Unterstellungen vom letzten Mal einzutreiben. Ich bin mir bewußt, in der vergangenen Stunde leichtsinnig geredet zu haben, denn ich habe mit dem kaum Vorstellbaren gespielt und unter dem Vorwand, daß es das Denknotwendige sei, das Undenkbare angedacht. Heute kommt es mir vor, als hätte ich in einer Anwandlung von theoretischem Donjuanismus etwas laut werden lassen, was gefährlicher ist, als einen ermordeten Komtur zum Abendessen zu laden. Es ist, als hätte ich die Mütter beschworen und das Anfangschaos auf achtzehn Uhr fünfzehn zum Tee bestellt. Ich wollte, es wäre schon neunzehn Uhr.

Aber es ist achtzehn Uhr sechzehn, mir sitzen meine Ankündigungen vom letzten Mal wie Rachegeister im Nacken. Das Versprechen, heute mit der Idee einer radikalen Autobiographik gegen die philosophischen Märchen der Erwachsenen vorzugehen, scheint mir mit einem Mal hohl wie ein Münchhausenstück – so etwas wäre richtig für Leute, die auf Kanonenkugeln zu den Türken fliegen, oder für Letztbegründungstheoretiker, denen nichts Menschliches fremd ist, vorausgesetzt nur, es sei *a priori*. Mir aber schien es ernst zu sein – ich wollte die Geburtsblindheit der Philosophie offenlegen. Es schwebte mir vor, die Rolle des tollen Menschen, die immer wieder einmal besetzt werden muß, zu übernehmen – um auf einem noch näher zu definierenden Marktplatz den zweiten Tod des Klapperstorchs zu verkünden. Ich meinte damit den Storch, an den die Erwachsenen glauben, indem sie sich in die Nichterinnerung zurückziehen, wenn es um ihre eigenen Anfänge geht. Meine Damen und Herren, Sie erinnern sich: Ich hatte mit einiger Umsicht eine Stunde lang die Suggestion aufgebaut, daß es allem entgegengesetzten Anschein zum Trotz möglich sein müsse, die ersten Seiten im Buch des eigenen Lebens aufzuschlagen. Ich hatte postuliert, die von Anfangsdunkelheit unkenntlich gemachten und vom Vergessen verklebten Blätter in den ältesten Akten über unseren Aufenthalt in dieser Welt könnten wiedergefunden und entziffert werden. Ich wollte auf einen sozusagen protokollarischen Skandal aufmerksam machen, der über fast jedem Leben schwebt. Denn Ihr Staatsbesuch, meine Damen und Herren, bei der Welt wird von Ihrem eigenen Bewußtsein so formlos und vergeßlich behandelt, als wären Sie irgendein Niemand, der sich eines Nachts von Süden her ohne Papiere über die Grenze geschlichen hat. Um es offen zu sagen, ich wollte an Ihren Ehrgeiz appellieren und Sie dazu aufstacheln, diese Verletzung des Protokolls nicht auf sich sitzen zu lassen. Staatsgästen stehen Ankunftszeremonien zu – jeder Mensch, ob gottebenbildlich oder nicht, heiter oder trüb, hat Anspruch darauf, als hoher Gast auf der dunklen Erde begrüßt zu werden. Aber es hat den Anschein, als habe man in unserem Fall selbst an den einfachsten Förmlichkeiten gespart. Unsere Einreise geschah im Dunkeln. Irgendwann, irgendwo – man erfährt es später – ging unsere Maschine auf der Weltlandebahn nieder, der Staatsbesucher selbst schien wie im Koma, ein schläfriger Standesbeamter fertigte nichtssagende Dokumente aus, die Eltern führten den neuen Besucher ab, als hätten sie ihn formlos durch den Zoll gebracht, und sehr viel später erst, nach Jahren des Befremdens tauchen bei einigen Weltgästen Zweifel an der Korrektheit der Behandlung auf. Warum hat man bei der Landung nicht, wie es sich gehört, eine Ehrenformation des schon Vorhandenen abgeschritten? Warum hörte man kein Orchester eine National- oder Natalhymne intonieren? Warum herrscht um diese biographische Nacht-und-Nebel-Aktion so tiefes Schweigen? Und warum ahnt man gelegentlich, daß zu diesem Schweigen ein Stöhnen gehört, dessen Heftigkeit in keinem Protokoll steht?

Es ist achtzehn Uhr zwanzig, meine Damen und Herren, mein innerer Trainer ruft mir von der Seitenlinie zu, ich solle ja noch nicht auf Zeit spielen, es sei zu früh, um den Ball zu halten, und auch wer am Ende mit einem Unentschieden zufrieden wäre, muß nach vorn gehen und den gegnerischen Torwart beschäftigen. Aber Trainer haben immer gut reden – der meine tut so, als wüßte er nichts von der Stürmerflaute, die sich zur Zeit in allen Ligen manifestiert. Meine Damen und Herren, ich verspüre heute die Symptome besonders heftig, die zu dem Leiden an der Schwierigkeit anzufangen gehören. Bei den letzten Malen konnte ich mich damit begnügen, im Vorläufigen zu bleiben und die Struktur des doppelten Anfangs von verschiedenen Standorten aus zu beleuchten. Es war genug zu erklären, daß man schon beschriftet sein muß, um zu schreiben, und schon angefangen sein muß, um anzufangen. Diese Überlegungen konnten einer simplen regressiven Logik folgen: diese führt jedes gegenwärtige Anfangen auf einen früheren Anfang zurück und zieht hinter jedem scheinbar eigenen Anfang einen älteren Fremdanfang ans Licht. Wenn heute Premiere ist, so nur deswegen, weil sie Wiederholung einer Generalprobe ist, die ihrerseits in einer Reihe von früheren Proben versickert. Wenn ich heute in der ersten Person sprechen kann, dann darum, weil mich zuvor jemand per Du angesprochen hat.

Heute jedoch stoßen wir auf die Kehrseite des Anfangsproblems. Denn ob ich wirklich etwas angefangen habe, wird sich erst im folgenden erweisen. Wenn das, was ich heute sagen werde, nicht die Fortsetzung der Ankündigungen vom letzten Mal ist, dann war das Vorherige kein Anfang von etwas. Ich könnte ja mit dem Heutigen dem bisher Gesagten den Rücken kehren und wieder etwas Neues beginnen – ich könnte mich dabei modern gebärden und dem Manierismus der Diskontinuität huldigen, dann könnte ich auch dies Neue wieder fallenlassen zugunsten einer anderen Einzelheit, und bei allen diesen Gesten würde sich nachträglich erweisen, daß sie keine Anfänge waren, sondern Sprünge, Abbrüche, Setzungen und andere Arten folgenloser Momenthaftigkeit. Was mir heute bevorsteht, ist eine Fortsetzung des Bisherigen, die den gemachten Anfang als solchen auf die Probe stellt. In regressiver Perspektive heißt anfangen immer schon angefangen sein; in progressiver Hinsicht bedeutet anfangen jedoch immer schon weitermachen oder, um die unvermeidliche Schleife rückwärts einzubeziehen: angefangenhaben heißt *a priori* sich fortsetzen. An der Fortsetzung verrät sich der Anfang, die Fortsetzung ist der eigentliche Anfang. Wenn Maurice Blanchot sagt: *pour écrire, il faut déjà écrire,* so liefert er ein Musterstück für die Verdoppelungen, die allen großen Prozeßwörtern für Geistes- und Lebensakte im Offenen eigentümlich sind; er hätte auch sagen können: um zu schreiben, muß man weiterschreiben. Meine Damen und Herren, wenn ich jetzt, um achtzehn Uhr zweiundzwanzig, diesen Versuch eines poetischen und maieutischen Neubeginns der Philosophie abbreche, dann habe ich ihn vor zwei Wochen nicht begonnen. Um den Anfangscharakter des bisher Gesagten zu erweisen, muß heute ein Schritt geschehen, der ins Unwiderrufliche führt. Wenn es heute donnert, hat es zuvor geblitzt – aber umgekehrt gilt auch, wenn das Vorhergehende nicht Blitze waren, dann kann es keinen späteren Donner geben, heute nicht und auch später keinen.

Meine Damen und Herren, ich habe beim letzten Mal suggeriert, daß es möglich sei, die scheinbar verlorene erste Seite unserer endlichen Geschichte aufzublättern. Ich lege Ihnen nun das Denkbild nahe, daß die menschliche Geburt ein Blitz ist, der über diese vergessenen ersten Buchseiten zuckt. Für unsere Gegenwart ist dieses Ereignis nur noch ein äußerst fernes Gewitter, dessen Zentrum wir seit langem entronnen scheinen. Aber, so wollte ich zu denken geben, dieses ferne

Ereignis ist für uns nie völlig vergangen, solange uns sein Donner noch erreichen kann. Bedenken Sie: Der Blitz der Geburt hat die bizarre Eigenschaft, nach seinem Aufflammen nicht mehr zu erlöschen. Wenn bei einem nächtlichen Gewitter der Himmel aufreißt und ein Blitz für eine Sekunde die Landschaft aufschreckt, dann ist die Dunkelheit danach um so tiefer. Der Geburtsblitz hingegen bleibt gewissermaßen am Himmel stehen, man verwechselt ihn auf die Dauer sogar mit dem Himmel selbst, man gewöhnt sich an den Glauben, es sei hell, weil die Sonne scheint, weil es Tag ist, weil die Saalbeleuchtung funktioniert, aber im Grunde ist es nur hell, weil der Geburtsblitz nicht aufgehört hat zu leuchten und weil er, obwohl selbst unsichtbar und unmerklich geworden, allem übrigen Sichtbaren zur Sichtbarkeit verhilft. Der Geburtsblitz ist die Lichtung, in der alle Zurweltgekommenen sich bewegen. Aber erst der spätere Geburtsdonner ist imstande, uns aus der Gewohnheit zu rütteln, in dem unsichtbaren dauernden Blitzlicht zu leben. Es donnert gelegentlich im Bewußtsein, wenn Ereignisse auftreten, die dem Grundereignis gleichen. Manchmal geraten wir in den Sog von Prozessen, die uns von neuem ins Freie treiben, vielleicht sogar nicht von neuem, sondern in gewisser Weise zum ersten Mal – dann geht das Zurweltkommen in dramatischen Schüben weiter, zugleich wiederholend und inaugurierend. Wenn im bewußten Leben eine Schwelle nach vorn und hinaus überschritten wird, so können sich, wie ein vitales Lampenfieber, auch die Symptome wiedereinstellen, die zu den unvergleichlichen Turbulenzen des ersten

Gewitters gehören. Angst und Ekstase sind unter anderem Manifestationen jenes Geburtsdonners, der manchmal ein halbes Leben braucht, um sein Subjekt zu erreichen. Darum können Angstbereitschaft und Ekstasefähigkeit als mittelbare Indizien der ontologischen Wetterfühligkeit gelten, die den poetischen und in seltenen Fällen auch den philosophischen Seelen anhaftet.

Meine Damen und Herren, ich schaue nicht mehr auf die Uhr. Die Idee einer philosophischen Radikalautobiographik hat von nun an keine Präliminarien mehr nötig. Ich kann jetzt einen Spielzug einleiten, auf dessen Offensivkraft selbst in den schwierigsten Lagen Verlaß ist. Dazu nehme ich eine Vorlage an, die Friedrich Nietzsche den später lebenden Philosophen zugespielt hat – ich meine die folgenschwere Notiz aus *Jenseits von Gut und Böse,* welche lautet: »Allmählich hat sich mir herausgestellt, was jede große Philosophie bisher war: nämlich das Selbstbekenntnis ihres Urhebers und eine Art ungewollter und unvermerkter *mémoires*...« Wäre dieser epochale Satz auf allgemeine Zustimmung gestoßen, so hätte er alles, was seither Philosophie heißt, gründlich verändern müssen. Er hätte den Beruf der Philosophen auf eine Bahn gezwungen, auf der jeder Denker zum Autobiographen des eigenen Denkens hätte werden müssen, vielleicht sogar zum eigenen Psychoanalytiker, sofern die höchsten Formen von Reflexivität sich auch ihrer Pathogenese zu versichern haben. Doch ist, wie man weiß, von einer solchen Wendung in der Philosophie nach Nietzsche nur wenig zu bemerken, im Gegenteil, man muß den

Eindruck haben, daß die stärksten Schübe zur Depersonalisierung des Denkens sich erst in dem Jahrhundert
vollzogen haben, das seit Nietzsches Notiz vergangen
ist. Wie weit es Philosophen bei der Tilgung der
bekenntnishaften und selbstbiographischen Spuren in
ihren Texten zu bringen vermochten, das weiß man erst
seit Husserl und Carnap, seit dem frühen Wittgenstein
und den analytischen Philosophen – und all dem, was
bis heute darauf folgte, Mondlandschaften des men-
schenleeren Begriffs.

Aber mit diesem Befund ist über den Wahrheitsgehalt
von Nietzsches These nicht entschieden. Es könnte ja
sein, daß die Depersonalisierung der philosophischen
Theorie im 20. Jahrhundert ihrerseits so etwas ist wie
ein unfreiwilliges Selbstbekenntnis ihrer Urheber, und
wenn es an autobiographischen Gesten mangelt, so
sind die autothanatographischen Denkmäler um so
augenfälliger. Im übrigen besitzen die Adjektive »ungewollt« und »unvermerkt« einen hohen strategischen
Wert – sie sind es eigentlich, die Nietzsches These den
langen Atem geben. Ihretwegen bleibt der Satz bis auf
weiteres unwiderlegt, weil er seiner tiefendiagnosti-
schen Machart nach auch gegen das Selbstbewußtsein
der Betroffenen recht behalten kann. Es ist mit Nietzsches diagnostischer Betrachtung der Philosophie wie
mit der Erfindung der Couch: erst seit es die Psychoanalyse gibt, kann man sich entscheiden, keine zu
machen; erst seit der Entdeckung des Unbewußten
kann man beschließen, »sein eigenes« nicht zur Kennt-
nis zu nehmen. Und so können sich auch erst seit
Nietzsche die Philosophen weigern, ihre Theorien als

ihre Bekenntnisse vorzustellen. Diese Weigerungen jedoch sind durch nichts davor geschützt, ihrerseits als ungewollte Geständnisse gelesen zu werden. Wer will, sieht auch in ihnen Symptome, die verraten, was da versteckt werden soll. Seit diagnostische Argumente im Wettstreit der vorkommenden Meinungen nicht mehr vermeidbar sind, liegt in jeder Differenz der Ansichten ein Krisenherd, aus dem sich der totale Krieg der Argumente entwickeln kann.

Meine Damen und Herren, Wittgenstein war der Meinung, der Gruß der Philosophen untereinander solle sein: laß dir Zeit! – womit er darauf hinweisen wollte, daß alles, was Philosophen äußern, zu früh und zu schnell gesagt zu werden pflegt. *De facto* begrüßen sich die modernen Philosophen mit einem zivilisierten Lächeln, das besagt: sieh du mir nichts an, dann sehe ich dir nichts an! Schau du darüber hinweg, daß ich mir nichts anmerken lasse, dann schaue ich darüber hinweg, daß du dir nichts anmerken läßt! Dies ist der eigentliche Sinn des viel zitierten Aprioris der Kommunikationsgemeinschaft. Das ist das verkennungsleitende Desinteresse, auf dem die gesamte neuere Philosophie beruht. Und man muß zugeben: diese Blindheitsverabredung unter Kollegen funktioniert bis auf wenige Ausnahmen sehr gut, sie garantiert den philosophischen Fakultäten die Stetigkeit ihrer Erfolge in der Kunst, die Welt zu erklären, ohne sich durch nähere Bekanntschaft mit ihr das Leben schwerzumachen.

Einer, der sich an solche Verabredungen nicht hielt, war der soeben zitierte Friedrich Nietzsche. Meine

Damen und Herren, der Autor der *Fröhlichen Wissenschaft* war ein spielverderberischer Egomane, der vor keiner Konsequenz zurückschreckte. Er war so taktlos, seinen Kollegen etwas anzumerken, vielleicht war er auch nur wehrlos vor der Wahrheit, die zu verkennen ihm schwerer fiel als den meisten. Kurzum, er sah den Menschen etwas an, und weil ihm auch die Menschenliebe schwerfiel, saß ihm die Verachtung locker. Er suchte nach großen Objekten des Widerwillens, um seinen Ekel durch die Bewunderung zu kompensieren, die man auch einem Gegner zollen kann, dem Größe nicht abzusprechen ist. Unter diesen psychologischen Bedingungen kommt es zu einer der unglaublichsten Konstellationen in der Geschichte der Philosophie: Nietzsche merkt Sokrates etwas an. Er glaubt zumindest, dem großen Philosophen etwas anzusehen, was bisher niemand zu bemerken wagte; er entwickelt das sichere Gefühl zu wissen, wie es um den weisen Mann in Wirklichkeit stand. Als wären zweitausend Jahre aufgehoben, fordert er die ehrwürdigste und rätselhafteste Charakterfigur der europäischen philosophischen Überlieferung zum Duell. Nietzsche redet dabei, als ob er dem Sokrates als Zeitgenosse und Rivale gegenüberstände. Mit einem beispiellosen Kraftakt der Vergegenwärtigung zeichnet er ein Porträt des Philosophen, das der Aufdeckung einer bis dahin verborgen gebliebenen Perversität gleichkommt. Meine Damen und Herren, wir wissen heute, daß es bei Nietzsche nie darum geht, verblaßte Schulprobleme des Denkens mit rhetorischen Mitteln zu kolorieren. Sein hemmungsloser Aktualismus stammt aus heißeren Quellen. Nietzsche »hat« die

Probleme wirklich, über die viele andere Autoren nur schreiben, er lebt auf einem vulkanischen Boden, der von alten Problemausbrüchen her noch fruchtbar ist – gelegentlich wird er selber zum Vulkan, aus dem Problemströme fließen: »ich bin kein Mensch, ich bin Dynamit«, sagt er gegen Ende seines letzten Ausbruchs wie ein Vulkanologe oder Feuerwerksmeister in eigener Sache.

Man kennt Nietzsches Vorhaltungen gegen die suspekten Züge in der Sokratesgestalt aus der Erstlingsschrift des Basler Altphilologieprofessors: *Die Geburt der Tragödie aus dem Geiste der Musik.* Für Nietzsche stellt Sokrates das erste Exemplar dessen dar, was er den theoretischen Menschen nennt; durch ihn kommt die Dämonie der Nachdenklichkeit in die Welt, und mit dieser die Unfähigkeit, dem tragischen Lebensgefühl der Alten gerecht zu werden. Sokrates steht für den Optimismus der Aufklärung und für die Süßlichkeit der Hoffnungen auf Menschenverbesserung durch erlernbare Tugend, er ist der Kirchenvater, auf den Theoriefrömmigkeit und Moralismus zurückgehen, seit ihm singt man das Lied vom guten Menschen und andere philanthropische Kastratenarien. Er ist aber auch der erste Nihilist, bei dem der Lebenswille von den Schimären der Selbstbeobachtung gebrochen wurde. Verneinende Instinkte haben in ihm die Oberhand gewonnen und eine Seelenform hervorgebracht, in der die großen Leidenschaften von einer immerwachen Vernunft ausgetrieben werden. Der Geist wird bei ihm zum ewigen Licht, das wie ein panoptisches Glasauge auf die Reste eines inneren Lebens starrt.

Durch Sokrates, meint Nietzsche, wurde die okzidentale Menschheit zur Vernunft gebracht, jedoch zu einer morbiden Vernunft, die nichts Lebendiges berühren kann, ohne es zu zerstören. Somit wäre Sokrates der erste von den »letzten Menschen«.

Meine Damen und Herren, wie man weiß, ist die antisokratische Attacke in manchen Spielarten des Irrationalismus folgenreich geworden, der vor allem in der ersten Hälfte des 20. Jahrhunderts gewütet hat. Aber der vulgäre Irrationalismus beruht, wie man leicht sieht, durchwegs auf Mißverständnissen und Ressentiments, denn der angebliche Gegensatz zwischen Geist und Leben tritt ja nur dort auf, wo das beschädigte Leben nach Schuldigen sucht, um geistlos den Geist als Urheber der Leblosigkeit anzuklagen. Wenn manche Irrationalisten glaubten, sich hierbei auf Nietzsche berufen zu können, so liegt das krude Mißverständnis eines subtilen Mißverständnisses vor.

Um das zu zeigen, will ich im folgenden das alte Rätsel der sokratischen Negativität neu diskutieren. Der Nihilismusverdacht, der Nietzsches Angriff gegen den Sokratismus beflügelt, erweist sich nämlich bei näherer Prüfung als ein subtiler Irrtum, der Nietzsche im Hinblick auf die sokratische Methode unterlief. Sokrates habe die Tragödie nicht mehr verstanden, heißt es in der *Geburt der Tragödie,* und mit diesem Nichtmehrverstehen habe der Verfall des ursprünglichen tragischen Denkens der Griechen begonnen, der sich nach außen als Aufstieg der optimistischen und argumentierenden Philosophie darstellt. Wie wäre es aber, wenn sich Nietzsche am empfindlichsten Punkt seiner Kritik getäuscht haben sollte? Vielleicht verstand er selbst nicht mehr, warum Sokrates auf die Tragödie als ästhetisch-rituelle Form kein so großes Gewicht mehr zu legen brauchte? Vielleicht war dem Sokrates ein Sachverhalt aufgefallen, der für ihn den Besuch des Theaters überflüssig machte? Vielleicht hatte Sokrates es nicht mehr nötig, den Untergang der Helden in den ausweglosen Dilemmata auf der Bühne mit anzusehen, weil er den tragischen Riß aus jeder Äußerung der menschlichen Existenz herausfühlte? Bevor wir diesen Vermutungen nachgehen, bleibt festzuhalten, was Nietzsche dem Sokrates anzumerken glaubt. Meine Damen und Herren, ich denke, das treffendste Wort für Nietzsches Verdacht gegen den philosophischen Verführer und seine Wirkung heißt: Bionegativität. Um zu dem Dämon des allesdurchdringenden Fragens werden zu können, mußte der große Dialektiker, so Nietzsche, im Grunde ein Mann gewesen sein, der das Leben selbst in Frage stellte und verneinte. Durch die platonischen Redaktionen hindurch meint Nietzsche in den Reden des Sokrates einen nihilistischen Vorbehalt gegen das Leben schlechthin am Werk zu sehen. Wenn Sokrates sich die Mühe machte, die Grundlosigkeit der Meinungen bei seinen Mitmenschen fragend aufzudecken, dann nicht aus einer edlen Liebe zur Wahrheit, sondern aus einem allumfassenden Haß gegen das Leben, aus dem die unvermeidlich falschen Meinungen sprießen. Tatsächlich gibt es bei dem großen Frager einen beklemmend weitgehenden Willen zu zeigen, daß sich alle vorkommenden Meinungen in Selbstwidersprüche verwickeln, sobald man sie der Prüfung unterzieht.

Doch da sich alles Leben als etwas erweist, was sich mit falschen Meinungen selbst betrügt, so ist am Ende das faktische Leben im ganzen kompromittiert. Wo in den Meinungen der Lebenden Falschheit und Unbegründetheit auf beschämende Weise allgegenwärtig sind, da ist zuletzt das wirkliche Leben falsch und unbegründet. Und somit tut sich, wie Nietzsche glaubt, hinter der sokratischen Fragewut ein bionegativer Abgrund auf – ein neueres Vokabular hält hierfür den häßlichen Fachterminus Nekrophilie parat. Tatsächlich kann der Leser Platons noch heute über Stellen erschrecken, wo Sokrates vom Streben der Philosophen spricht, bei lebendigem Leibe so tot wie möglich zu sein. Nähme man dies beim Wort, so wären die härtesten Vorwürfe Nietzsches gegen den Ahnherrn der europäischen Philosophie eher zu milde als zu scharf ausgefallen. Sokrates wäre, im Lichte solcher Äußerungen gesehen, der Verführer zu einem Selbstmord, der sich als weise Besonnenheit maskiert.

Ich will, meine Damen und Herren, den Bionegativitätsverdacht gegen Sokrates mit einem doppelten Kommentar versehen, einem positiven und einem negativen, indem ich skizziere, wie Nietzsche Sokrates mißverstanden hat – aus nächster Nähe und in folgenschwerer Intimität mit dem mißverstandenen Phänomen. Nietzsche ist einer der wenigen neueren Philosophen, vielleicht der einzige nennenswerte, der den dämonischen Frager noch einmal auf Augenhöhe in den Blick faßt – darum behandelt er ihn weder als Onkel noch als Traditionsheiligen, sondern als Verhängnis. Er spürt in Sokrates den Blitz, mit dem die

Epoche metaphysischen Denkens begann. In der Negativität des athenischen Dialektikers leuchtet etwas von demselben dunklen Licht auf, das in den gleichzeitigen großen Schulen der asiatischen Negativismen aufschien, um bis heute nicht völlig zu erlöschen. Tatsächlich denkt Sokrates, wie gleich zu zeigen sein wird, inmitten des Blitzes, aus dem die Philosophie entstand, aber erst Nietzsche hörte den Donner. Es dauerte zweitausend Jahre, bis ein anderer Denker in die Hörweite des Gewitters geriet, in dem die Philosophie geboren wurde – so lange hatte es gedauert, bis Metaphysiker und Philosophen über ihrem eigenen Geschäft stutzig wurden. Vielleicht mußte soviel Zeit vergehen, weil sich die philosophische Tradition im ganzen wie ein gewöhnliches geburtsvergessenes Individuum verhält, wenn es darum geht, die ersten Seiten ihres Daseins aufzublättern. Sie erinnert sich nicht mit autobiographischem Feuer an das Drama, dem sie ihr Dasein verdankt – weswegen, nebenbei gesagt, das Blättern in den gängigen Philosophiegeschichten meistens so stumpfsinnig ist wie das Blättern in Familienalben, wo man sich selbst strahlend nackt auf einem Lammfell krabbeln sieht. Denn so, wie die Fotos nur verraten, wie das Kind von einst aussah, aber nicht das Geheimnis preisgeben, das darin bestand, dieses Kind zu sein, so geben die üblichen Philosophiegeschichten nur wieder, was die ehrenwerten frühen Griechen und Inder geäußert haben, aber sie liefern das Geheimnis nicht aus, das darin bestand, die Denkenden auf der Bühne des damals zu Denkenden zu sein. Nietzsche gehörte zu denjenigen, die, aus größerer Erinnerungstiefe schöpfend, damit begannen, die alten geistigen Spannungen quasi von innen zu vergegenwärtigen. Indem er Sokrates angreift, nimmt er den Konflikt an der entscheidenden Stelle auf – als wüßte er, daß die Fragen der Gegenwart um keinen Fingerbreit zu bewegen sind, wenn es nicht gelingt, dem Geburtshelfer der abendländischen Philosophie bei seinem Geschäft kritischer als bisher zuzusehen.

Nun kennt man die Probleme, die sich aus dem Umstand ergeben, daß uns die Lehre des Sokrates nur durch den platonischen Schleier hindurch überliefert ist. Was sich hinter dem Schleier befand, wird sich immer nur indirekt rekonstruieren lassen – es sei denn, wir finden einen »direkten« Zugang zum sokratischen Rätsel, indem wir mit Hilfe von zeitgenössischen Aktualisierungen das Ereignis vergegenwärtigen, dessen Akteur und Zeuge Sokrates gewesen ist. Was Sokrates wirklich wollte, kann sich deutlicher als in den platonischen Übertünchungen in den Krisen mancher neuerer Denker zeigen, bei denen sich das sokratische Problem mit der Dringlichkeit des schlechthin zu Denkenden wiederholt. Wo die Philologie versagt, führt das Drama gelegentlich weiter – aber welches Drama? Sokrates hat keine Zeile hinterlassen, und die bisherigen Versuche, dem mündlichen Opus des Philosophen einen Titel anzupassen, sind von so kläglicher Subalternität, daß sie dem Denker keine Ehre antun; wir kennen sie zur Genüge, diese philosophiegeschichtlichen Versuche, die sokratische Lehre auf den Begriff zu bringen: der Königsweg des Nichtwissens, der Philosoph auf der

Straße, Philosophie als Kunst des Sterbens, Dialektik als Methode der Tugend, Maieutik als Mut zur Erziehung. Die einzige nichtsubalterne neuere Konfrontation mit dem sokratischen Geist trägt den ahnungsreichen Titel *Die Geburt der Tragödie* – und wenn meine Vermutung richtig ist, daß Nietzsche aus einer psychodynamischen Grundstellung heraus denkt, die prinzipielle Ähnlichkeiten mit der des Sokrates aufweist, nur daß er die konvexe Seite dessen wahrnimmt, was Sokrates von der konkaven her entworfen hatte, dann könnte die Rekonstruktion im Psychodrama zwischen zwei affinen Geistern zu einer Umkehrung der Elemente führen. Im Zentrum der sokratischen philosophischen Praxis fänden wir dann ein ungeschriebenes Werk mit dem Titel: *Die Tragödie der Geburt.* Die Nietzschesche *Geburt der Tragödie* wäre der Donner, dessen unmerklich gewordener Blitz im sokratischen Bewußtsein von der Tragödie der Geburt aufleuchtete.

Jetzt kann der Aphorismus Nietzsches, daß jede große Philosophie das Selbstbekenntnis ihres Urhebers und eine Art ungewollter und unvermerkter Memoiren sei, am überlieferten Stoff zu arbeiten beginnen. Aber, meine Damen und Herren, hat Sokrates denn Äußerungen getan, die nicht als platonische Umkehrungen verdächtigt werden müssen und sich im Sinne von unvermerkten Memoiren lesen lassen? Es gibt tatsächlich unter den Aussagen des Sokrates über sich selbst mindestens zwei, die eine im *Symposion,* die andere im *Theaitetos,* in denen, wie ich glaube, Selbstkennzeichnungen auf dem höchsten Niveau der Verbindlichkeit vorliegen. Erstens bekennt Sokrates im *Symposion*, daß alles, was er über den Eros in Erfahrung gebracht hat, ihm von Diotima auf initiatischem Wege übermittelt worden sei. Daraus folgt der pikante Befund, daß der europäische Erzphilosoph in den entscheidenden Dingen nicht an die Argumentation, sondern an die Initiation geglaubt hat. Was hierbei zählt, sind nicht die Sätze, sondern der »Rapport« zwischen den Sprechenden. Als Erotologe ist Sokrates kein Theoretiker, vielmehr ein Provokateur: wovon er spricht, hat Realität nur im Kraftfeld seiner Verführung. Ohne Hingabe an die Verführung »gibt es« all die Phänomene nicht, von denen die Rede des Verführers spricht. Sobald der Rapport zwischen den Redenden ins Argumentieren abgleitet, manifestiert sich das Faktum, daß der Wille zur Nichthingabe stärker sein kann als die Einladung, sich verführen zu lassen. Zweitens wirft Sokrates im *Theaitetos* – einer Gründungsurkunde der Epistemologie – die Frage auf: Was ist Wissen? (Wobei zu bemerken ist, daß nur die Frage als solche eine sokratische sein kann, während der bloße Versuch einer positiven Antwort schon in die Welt des Platonismus führt.) Authentisch sokratischen Geistes scheint vor allem das zu sein, was sich nun infolge dieser Fragestellung entwickelt. Der mathematisch begabte Jüngling Theaitetos gibt zu, sich hierüber schon oft, jedoch immer vergeblich den Kopf zerbrochen zu haben. Darauf die berühmte Erwiderung des Sokrates:

»Du hast eben Geburtsschmerzen, lieber Theaitetos, weil du nicht leer bist, sondern schwanger gehst.

Darauf Theaitetos: Das weiß ich weiter nicht, wie es mir aber ergeht, das habe ich dir gesagt.

Sokrates: Also du Lächerlicher hast wohl niemals gehört, daß ich der Sohn einer Hebamme bin, einer sehr berühmten und ehrwürdigen, der Phainarete?

Theaitetos: Das habe ich wohl schon gehört.

Sokrates: Etwa auch, daß ich dieselbe Kunst übe, hast du gehört?

Theaitetos: Das keineswegs.

Sokrates: Dann wisse: dem ist also. Verrate mich aber nicht damit gegen die anderen: denn es weiß niemand von mir, Freund, daß ich diese Kunst besitze. Da es nun die Leute nicht wissen, so sagen sie mir auch dieses zwar nicht nach, wohl aber, daß ich der wunderlichste aller Menschen wäre und alle zum Zweifeln brächte. Gewiß hast du auch das gehört.

Theaitetos: Vielfältig.

Sokrates: Soll ich dir davon die Ursache sagen?

Theaitetos: Allerdings.

Sokrates: ... du weißt doch wohl, daß keine, solange sie noch selbst empfängt und gebärt, andere entbindet; sondern nur die, welche selbst nicht mehr fähig sind zu gebären, tun es. ... von meiner Hebammenkunst nun gilt im übrigen alles, was von der ihrigen; sie unterscheidet sich aber dadurch, daß sie Männern Geburtshilfe leistet und nicht Frauen, und daß sie für ihre gebärenden Seelen Sorge trägt und nicht für Leiber ... ich (selbst) gebäre nichts von Weisheit, und was mir bereits viele vorgeworfen, daß ich andere zwar fragte, selbst aber nichts über irgend etwas antworte, weil ich nämlich nichts Kluges wüßte zu antworten, darin haben sie recht. Die

Ursache davon aber ist diese: Geburtshilfe leisten nötigt mich der Gott, erzeugen aber hat er mir gewehrt. Daher bin ich selbst keineswegs etwa weise, habe auch nichts dergleichen aufzuzeigen als Ausgeburt meiner eigenen Seele...« (Platon, *Sämtliche Werke*, II, Berlin, S. 572 ff. Übersetzung Friedrich Schleiermacher).

Man hat diese Äußerungen in der philosophischen Männertradition fast ausnahmslos als eine Folge von blumigen pädagogischen Metaphern gelesen, schlimmstenfalls als eine päderastische Suggestion, die junge Männer dazu anregen sollte, die Beine der Seele vor dem entbindungsfrohen Philosophen breit zu machen. Aber beide Lesarten, die metaphorisch-didaktische wie die homoerotisch-strategische sind falsch oder nur marginal möglich. Ich möchte zeigen, daß von dieser Stelle nur eine buchstäbliche und radikalautobiographische Lektüre legitim ist. Die Hebammenrede des Sokrates präsentiert seine Selbstbekenntnisse und liefert die Kernsätze seiner Memoiren, von denen freilich zu sagen ist, daß sie »unvermerkt« blieben, jedoch nicht »ungewollt« waren. Mißverstanden wurden sie bereits von Platon, und mißverstanden hat sie noch Nietzsche, der in Sokrates den Geburtshelfer einer weltgeschichtlichen Mißgeburt zu erkennen glaubte, des moralisch-theoretischen Menschen, weswegen er den, wie ihm scheint, fatalen Maieutiker zum Duell herausfordert. Aber auch im Mißverständnis ist Nietzsches Sokratesverständnis, seiner Kehrbildlichkeit wegen, den übrigen philosophischen Interpretationen überlegen.

Sokrates vergißt, wie ich glaube, auch als Philosoph in keinem Augenblick, was er von seiner Mutter, der Hebamme, über die pragmatische Seite des physischen Zurweltkommens von Menschen weiß. Daher steht ihm in großer Deutlichkeit vor Augen, wovor die anderen, wenn sie zu denken anfangen, immer schon weggeschaut haben: Es gibt kein glückliches Geborensein und keine sanfte Geburt, schon der Leib kommt nur unter großen Mühen ans Licht, die Seele bleibt fast immer im Dunkeln stecken, und somit ist die Fehlgeburt bei Menschen nicht die Ausnahme, sondern die Regel – das gilt besonders für die Meinungen, mit denen wir unsere Illusion unterstützen, zur Welt gekommen zu sein. Ein paar Nachfragen genügen, und es stellt sich heraus, daß wir Mißgeburten im Kopf haben, Pseudovorstellungen, Schemen, Fiktionen, Falschheiten, steckengebliebene Meinungsmonstren und logische Mondkälber. Unser Hirn ist eine Unterwelt, die sich mit der Tagwelt verwechselt, bei den meisten bleibt es zeitlebens bevölkert von Schatten und Idiotien, von selbstsicheren Ungültigkeiten und stolzen Haltlosigkeiten, von nichtigen Sorgen und eitlen Selbstbildern. Mit Blick auf diese inneren Zustände praktiziert Sokrates den Beruf einer tragischen Hebamme: welche »Geburten der Seele« man ihm auch präsentiert, er *kann* immer nur Totgeburten feststellen. Je fester die Überzeugungen, desto vernichtender die Widerlegungen. Je selbstsicherer der Glaube, auf absoluten Fundamenten zu stehen, desto tiefer der Absturz in den Zweifel. Schon Platon hat den maieutischen Negativismus seines Lehrers nicht ertragen und damit begonnen, am

Ende doch ein positives Wissen zutage zu fördern, ein lebendgeborenes Wissen sozusagen, das die Prüfung durch die destruktive Hebamme übersteht. Die angeborenen Ideen sind Platons ingeniöse Erfindung, um das tödliche Examen durch den sokratischen Hebammenblick zu unterlaufen. Aus Platons Ungeduld entsprang die Ideenlehre, mit dieser zusammenhängend auch die Erinnerungslehre und wiederum von dieser bedingt eine negative Theorie der Geburt, die besagt, daß die Seele ihre angeborenen Ideen beim Welteintritt vergißt – daher die Rechtfertigung der Philosophie als Schule der Erinnerung der Seele an ihr präexistentielles Wissen. Von alledem hatte Sokrates vermutlich das Gegenteil gelehrt, oder vielmehr anstelle einer Lehre inszeniert: es sind gerade nicht Ideen, ob angeborene oder erworbene, an die sich die Seele zu erinnern hat. Sie muß sich jedoch an ihre Geburt selbst erinnern, um vor das Leben in erworbenen Meinungen zurückzugehen in eine anfängliche gedankenreiche Gedankenlosigkeit. Um hierzu fähig zu werden, müssen sämtliche vorkommenden Ideen über Lebensfragen von Belang, eine nach der anderen, durchgearbeitet und annulliert sein, ja selbst die wahrscheinlichsten und nobelsten Gedanken müssen in einen Zustand versetzt werden, wo sie zwischen Gelten und Nichtgelten schweben, so daß sie jede bestimmende Gewalt verlieren. Das aber ist kein skeptischer Relativismus, es ist ein maieutischer Absolutismus. Sokrates geht es nicht, wie später Platon, darum, der Seele zur Souveränität über die trüben herrschenden Meinungen zu verhelfen; er hätte die platonische Idee von den angeborenen

Ideen ihrerseits für eine Mißgeburt halten müssen. Worum es ihm zu tun ist, sind die schon immer fehlgeborenen Seelen selbst, die zu Meinungen gekommen sind und in festen Vorstellungen feststecken. Meinungen und Vorstellungen sind aber ihrer Wirkung nach nichts anderes als Störungen des Vermögens, am Spiel des Eros teilzuhaben. Die von ihnen befallenen Seelen müssen durch negative Dialektik so erschüttert, verärgert, beschämt, aufgewühlt und entwaffnet werden, bis sie im Todeskampf der vorgefaßten Meinung sich lösen, um einen Hauch von der Freiheit des Geistes zu spüren, der im Paradies der Meinungslosigkeit weht. Das Ironische an Sokrates ist, daß er nicht ironisch ist, wenn er unzählige Male versichert, er wisse nur, daß er nichts weiß. Vor diesem bekanntesten aller europäischen Philosophensätze stehen seit zweitausend Jahren die Kommentatoren Schlange, man lobt den guten Onkel des Nichtwissens, von dem man überzeugt bleibt, daß er's besser wußte – was war er doch für ein reflektierter Schelm!

Doch daß Sokrates in diesem Punkt ohne Ironie sprach, daß er sich allenfalls selbst einem Spiel überließ, das ihn überstieg, war schon seiner unmittelbaren Umgebung und erst recht seinen Nachfahren nicht ganz verständlich. Auch die platonische Ironie gibt nur einen blassen Widerschein von der völligen Selbstaussetzung des Sokrates ins Nichtwissen. Nur daß die Hebammenrede mehr war als ein Wortspiel, sondern ans Zentrum seiner Existenz rührte, das haben die Zeitgenossen doch deutlich verspürt; anders wäre es nicht dazu gekommen, daß man, wie Diogenes Laertius zu berichten weiß, in der Antike nicht aufgehört hat, den Geburtstag des großen Maieutikers an dem Tag zu feiern, an dem die Griechen der Geburtshilfegöttin Artemis gedachten. Nur in diesem Zusammenhang läßt sich auch das Paradox begreiflich machen, das im sokratischen Hebammengleichnis steckt. Nach griechischer Tradition sind Hebammen selbst unfruchtbare Frauen – darum kann die männerscheue Mädchengöttin, die im Walde jagt, als ihre Beschützerin gelten. Sokrates übt seinerseits den Hebammenberuf für Männer aus, und nun das Seltsame: wie seine Mutter. Aber war seine Mutter denn unfruchtbar, als sie dem Sokrates das Leben schenkte? Ist er nicht selbst der lebende Beweis ihrer Fruchtbarkeit? Das Rätsel scheint sich aufzulösen, wenn man den Umstand bedenkt, daß Hebammen Frauen sind, die, wie Phainarete, geboren haben, jedoch nicht mehr im gebärfähigen Alter stehen. Zu weisen Frauen werden sie erst, wenn sie über die Unweisheit, weitere eigene Kinder in die Welt zu setzen, hinausgewachsen sind. Eben hierin hat die Berufung des Sokrates auf seine weise Mutter ihren Grund. Sein Unwillen, positives Wissen zur Welt zu bringen, ist ein deutlicher Reflex auf seine seltsame Stellung als Hebammensohn. Sokrates spricht als der weise Sohn einer weisen Frau – seine Nachahmung der Mutter reicht so weit, daß er die Weisheit selbst ans Erreichen der Unfruchtbarkeit knüpft. Erst wenn er selbst es soweit gebracht hat, keine Meinungen und keine Theorien mehr in die Welt zu setzen, kann er die Aufgabe übernehmen, die Meinungsschwangeren und Theoriegeblähten zu entbinden. Aber nicht nur dies.

Als Hebammensohn partizipiert er an dem Nimbus der geburtshilfeleistenden Frauen, etwas vom Geheimnisvollsten zu wissen, was Menschen erfahren können. Und wenn eine Hebamme auch noch, wie die Mutter des Sokrates, Phainarete heißt, dann müßte sogar ein Phänomenologe einen Augenblick lang von seinen Beschreibungen aufschauen. Hat nicht diese Phänomenologin eine Wahrheit aufgehen sehen, die auch Heidegger nur mühsam anzudenken versuchte? Nietzsche jedenfalls hatte in der Wahrheit schlechthin jenes unzugängliche Weiberwissen gewittert, das Gründe hat, seine Gründe nicht sehen zu lassen – er vermutete sogar, ihr Name sei Baubo, »muß ich noch deutlicher werden?«, man muß es, unter Philosophen, in der Tat, denn Baubo heißt Möse, sie ist das weibliche Geschlechtsorgan im unverschämtesten Grad, das sich dem Männervolk für einen kurzen vergeblichen Einblick höhnisch entgegenstreckt. Baubo ist die Vulva *a priori,* die den *a posteriori* klugen Philosophen die Anfangsgründe der Weltweisheit anbietet und vorenthält.

Aber wie ist es zu verstehen, daß Sokrates, der Hebammensohn, der wohl mehr mitbekommen hat als andere Jungen, selbst zum Geburtshelfer für Männer und für Seelen wurde?

Nun, ich glaube, das Geheimnis des Sokrates besteht darin, daß er der letzte Muttersohn des älteren Typs ist, der in der abendländischen Ideentradition von sich reden machte. Die späteren Geisteshelden sind allesamt schon Vatersöhne, deren gesamtes Wissen sich aus der Fähigkeit zur radikalen Abstraktion von der Weiblich-

keit ergibt. Die Nachsokratiker haben kein Baubo-
bewußtsein mehr, wenn sie über Entstehungen im
allgemeinen nachdenken. Ihr Klapperstorch heißt
Kausalität, die Kausalität bringt von nun an die Kinder
und wirft sie durch den zureichenden Grund der Frau
Mama ins Dasein – wen wundert es, daß die Geworfen-
heitsgeschädigten ihrer Lage in der nun völlig fremd
gewordenen Welt nicht mehr froh werden können.
Aber bei Sokrates ist es soweit noch nicht gekommen.
Als Geburtshelfer der Seelen wahrt er zum letzten Mal
die Balance zwischen einer weisen Orientierung an der
Mütterlichkeit und einem theoretischen Schulbetrieb,
der exklusiv zwischen Quasivätern und Quasisöhnen
spielt. Darum muß Sokrates im Verkehr mit den ambi-
tionierten superklugen Söhnen zur mörderischen Hebamme werden, unter deren Dialektik die Meinungen,
Ideen, Kopfgeburten sterben. Damit die Seele zur Welt
und unser Bestes zu sich und anderen komme, dürfen
sich keine bestimmenden Vorstellungen und keine
positiven Überzeugungen in ihr eingenistet haben. Um
solchen Einnistungen auf die Spur zu kommen, ver-
fährt die sokratische Maieutik konsequent aufdeckend
und destruktiv. Ihr Ziel ist es, die Gesprächspartner in
den Lichthof eines allbefassenden hellen Nichtwissens
zu führen und sie zum Gewahrwerden der Unhaltbar-
keit und Überflüssigkeit aller vorgefundenen fixen
Meinungen zu bringen. Fast 2500 Jahre vor Popper
lehrte Sokrates ein Wissen, als wüßte man nicht. Für
diesen Vorgang halten die Ideenhistoriker die mißver-
ständliche Redensart vom Wissen des Nichtwissens
bereit, durch die der Akzent auf Wissen sich wiederum

einschleicht, womit die frei flottierende Evidenz des Nichtwissens im Sinne einer neuen Wissensbetonung getrübt wird – so geschehen von Platon bis Hegel und in allen Spielarten des Wissen-ist-Macht-Phänomens bis heute.

Meine Damen und Herren, die unausgesprochene Funktionsweise der sokratischen Maieutik läßt sich nun ausdrücklich machen: Die Geburtshilfe für die Seele wird dadurch wirksam, daß diese mit Hilfe von Widerlegungen und Beschämungen in ausweglose Lagen gebracht wird, durch die sie in den Schwebezustand des Nichtwissens zurückfällt. Wenn der Denkende nicht mehr ein noch aus weiß, ist er nicht mehr weit von der Weisheit. Paradoxerweise kommt die Seele der Denkenden nur dann rein zur Welt, wenn sie in eine fötale Negativität versetzt wird, in der sich keine weltseitigen Meinungen festhalten lassen. Die Maieutik ist somit ein Fötalisierungsverfahren. Ihr Akzent auf dem Nichtwissen ist deswegen so nachdrücklich, weil eine Seele, die ihre Orientierung am »Wahren« nicht preisgibt, notwendigerweise eine Form annehmen muß, die auch unter Bedingungen des Geborenseins und des welterfahrenen Sichauskennens in manchen Sachen sich an das ungeborene Nichtmeinen als ihr fötales Apriori erinnert. Das ist eine völlig andere Anamnesis als die platonische – man könnte sie eine erotische nennen. Sie übt die Rückführung in die Sehnsucht, die jeden Gegenstand übersteigt. Die erotische Anamnesis ruft keine angeborenen Ideen hervor, sie vergegenwärtigt eine vorgeburtliche makellose Freiheit von Ideen und Vorstellungen jeglicher Art. Folgerichtig

bereitet die erotische Erinnerungsarbeit Geburtsschmerzen. Während die positiven Argumentationen
im besten Fall heiße Köpfe machen, im schlimmsten
zum Krieg führen, erzeugt der Durchbruch durch die
Schale der Positivität eine integrale Erinnerung an die
Wehen. Denn man muß erst an der Barriere der
Geburtsvergessenheit vorbeidenken und -fühlen, ehe
sich das fötale Kontinuum auch im taghellen bewußten
Leben wiederherstellt. Über die Art von Schülern, die
sich ins Abenteuer der erotischen Anamnesis tief einlassen, weiß Sokrates mit Kennerschaft zu sagen:

»»... darin ergeht es denen, die mit mir umgehen,
wie den Gebärenden: sie haben nämlich Wehen und
wissen sich nicht zu lassen bei Tag und Nacht, weit
ärger als jene. Und diese Wehen kann meine Kunst
erregen sowohl als stillen.«« (ibid., II/S. 575)

Die mit mir umgehen – das enthält einen Hinweis auf
die Besonderheit des philosophischen Rapports, in
dem sich der Psychagoge wie ein Psychoanalytiker *ante
litteram* als Spezialist für unmögliches Begehren profiliert. *Weit ärger als jene:* das deutet an, daß in den
Wehen der Frauen nur ein Teil der Qualen auftritt, die
sich einstellen können, wenn in der Bewußtseinsnot
der männlichen Erwachsenen das Zurweltkommen
sich im ganzen und wie von innen her reproduziert.
Während Frauen seit jeher zum Zurweltbringen von
Kindern Zuflucht nehmen konnten, um eine Antwort
auf die *difficulté d'être* zu finden, ist das männliche
Bewußtsein vom Zwang, selbst zur Welt zu kommen,
gezeichnet.
Sokrates scheint der letzte große europäische Denker

gewesen zu sein, der sich in dieser tragischen Szenerie wie in einer Naturlandschaft bewegen konnte. Liest man die Hebammenrede aus dem *Theaitetos* buchstäblich als eine in letzter Instanz nicht-ironische Selbstbekundung des Sokrates, so enthüllt sich in ihr ein Ausblick auf die gelassen tragische Praxis der philosophischen Psychagogik. Wer mit Sokrates diskutiert, braucht kein Held zu sein, um den Riß der Ausweglosigkeit in seinem Leben aufklaffen zu fühlen. Sokrates ist einer der letzten Europäer, die an der archaischen Erkenntnis festhalten, daß männliche Bewußtseine ohne initiatische Vergegenwärtigung des Zurweltkommens zur Verwahrlosung verurteilt sind; daher wird er von seinem Gott genötigt, den jungen Freunden Geburtshilfe zu leisten. Die Philosophie wird selbst zu einem Übergangsritus in einen bis heute nicht festgestellten »anderen Zustand« des Wissens, des Erwachsenwerdens und der Koexistenz.

Daß die Geschichte Europas auf einen anderen Kurs geraten sollte, der zur Aufrichtung phallischer Universalien und zur Kränkung des Weiblichen führte, das zeigt sich bereits an dem Weg, den Sokrates' Meisterschüler einschlug. Schon Platon hat das Prinzip Geburtshilfe metaphorisiert. Das Höhlengleichnis aus der *Politeia* enthält ein geheimes Programm der europäischen Weltgeschichte – zugleich ist es Zeugnis einer Übersetzung der sokratischen Maieutik in metaphysische Allegorien. Zwar weiß Platon noch deutlich, daß sich bei der sokratischen Umwendung des Bewußtseins alles um Geburt und Entbindung dreht, doch ist seine Konzeption der anfänglichen Höhle bereits im ersten

Augenblick pervers; die Höhle selbst wird bei ihm zur Spielhölle der Bilder, der makellose Raum fötaler Negativität erscheint von Feuern und Schatten trügerisch illuminiert, wahnhafte Subjekt-Objekt-Relationen erfüllen in seinem Text das mutterleibslösliche Dasein – zu allem Überfluß werden die Höhlenbewohner als angekettete Sklaven dargestellt, die auf die Felswand mit dem Schattenkino starren. Man kann unmöglich den Befund vermeiden, daß in dem Höhlengleichnis ein Dokument der radikalen Uterophobie vorliegt und zugleich ein Zeugnis für das Mißlingen einer Arbeit an der Freilegung des fötalen Kontinuums. Ohne Zweifel hatte Platon unter dem sokratischen Einfluß einen solchen Versuch unternommen, mit dem Ergebnis, daß er sich im Hof der fötalmeditativen Euphorien zum philosophierenden Ekstatiker *kat exochen* entwickelte. Seine Konsequenz aus dem Unternehmen war aber die methodisch angeleitete Flucht aus der Angst in die Ekstase, dem blendenden Einen entgegen, und die ontologisch so folgenschwere Anklammerung an die Doktrin des Ideenrealismus. Die Fabel von der wahren Welt ist von Anfang an eine Deckvorstellung für die Geburtsangst. Wo Sokrates das Beispiel einer Enstase durch Entbindung von Meinungen gegeben hatte, entfaltet die platonische Ekstatik das Schema einer vernünftigen Besessenheit. Seither sind Philosophie und Aufklärung auch Kennwörter für die Option, lieber von rationalen als irrationalen Dämonen besessen zu werden.

Deuten wir die sokratische Maieutik als Fötalisierungstechnik – und nicht mehr als Pädagogik –, so wird auch ein Grund für die Abkehr fast aller späterer Schulphilosophien vom Sokratismus deutlich: Es gab, besonders nach Platons und Aristoteles' akademischen Erfolgen, niemanden mehr, der die »Position« des Nichtwissens als autonome Affirmation hätte weiterführen können – auch die Kyniker, die das Nichtwissensmotiv auf die grobianische Bahn lenkten, haben den maieutischen Negativismus nicht mehr rein wiederherzustellen vermocht. Bei Aristoteles fallen dann die Würfel definitiv zugunsten der Episteme und gegen die Amathia. Erst einige Mystiker des Mittelalters näherten sich mit ihrer Lehre von innerer Armut und Entwerdung wieder von ferne dem sokratischen »Standort«, und unter den Modernen sprach Nietzsche zuerst die Ahnung aus, daß Sokrates es gewesen war, der uns den Schwamm gab, um den ganzen Horizont auszulöschen; aber noch erkannte er in diesem Schwamm keineswegs das positive Nichts der plazentaren Horizontlosigkeit.

Einer der seltenen neueren Sokratesinterpreten, die sich von den platonischen Umkehrungen und Positivierungen nicht irreführen ließen, ist Michael Landmann. Er hat in seinen Abhandlungen zur antiken Psychologie die Selbständigkeit der sokratischen Negativität betont und eine zwingende Parallele zwischen der antiken Maieutik und der modernen Psychoanalyse nachgewiesen, mag es auch zutreffen, daß die psychoanalytische Maieutik in flacheren ödipalen Schichten operiert, dafür jedoch therapeutischen Ernst entwickelt, während die antike Maieutik an die fötalen Tiefen rührt, jedoch eher psychagogische als therapeutische Ambitionen hegt. Landmann hat das Motiv des Nichtwissens ins richtige Licht gerückt: »Das Nichtwissen ruht... bei Sokrates nicht auf einem sicheren Grunde von Wissen, es ist nicht eine hie und da einzunehmende, sondern es ist ihm eine totale Haltung. Er sieht nicht nur verstreute Ungedeutetheiten, sondern steht in einer völlig ungedeuteten Welt.« (*Elenktik und Maieutik. Studien zur antiken Psychologie*, Bonn, 1950, S. 11) Somit ist der Kern des Sokratismus eine ungegenständliche Gnosis. Das Geheimnis der sokratischen Dialektik liegt in der Reaktivierung der weltfreien fötalen Negativität, die sich in der Euphorie des absoluten In-Seins erkennt, ohne sich zu »haben«. Seit Sokrates könnten auch Europäer wissen, daß es eine unbemühte Möglichkeit für Menschen gibt, ganz von dieser Welt zu sein, ohne einer kruden Positivität zu verfallen: »Ich bin, aber ich habe mich nicht...«, Landmann versteht, daß dies eine nicht leicht plausibel zu machende Tendenz ist.

»Hat alles Wissen etwas Beruhigendes, so umgekehrt das Nichtwissen etwas in hohem Maße Beunruhigendes und Unbefriedigendes. Ja man könnte fast sagen: etwas Beängstigendes, denn aus dem schwarzen Loch des Unbekannten, mit dem uns das Nichtwissen in Beziehung setzt, kann uns ja in jedem Augenblick der Möglichkeit nach das Gefährliche entgegenschnellen und uns packen. Daher pflegen die meisten den Anblick dieses Loches nicht zu ertragen. Sie blicken sogleich wieder weg von ihm oder setzen an seine Stelle eine wenn auch nur scheinhafte Wissensmeinung. Demgegenüber gehört eine gewisse intellektuelle Gelassenheit und Stärke, ja Mut dazu, mit dem Loche ernstzumachen und es nicht aus dem Auge zu verlieren.« (ibid., S. 9)

Meine Damen und Herren, Sie sehen, will man philosophisch vom wesentlichen Nichtwissen reden, so muß man gelegentlich auch *hard-core*-Qualitäten ins Feld führen. (Kommt vielleicht bestes Philosophieren nie weiter als bis zu einer kritischen Baubologie? Und verzweigt sich diese nicht in eine baubologische Rechte mit Shankara, Platon, Plotin, Hegel und Bloch und eine baubologische Linke mit Sokrates, Nagarjuna, Eckhart, Heidegger, Rank und Derrida?)

Nun zwingen mich die Umstände, meine Damen und Herren, doch wieder auf die Uhr zu schauen. Ich wollte zum Schluß ein paar Worte über Sokrates und die Kritische Theorie sagen. Ich erinnere noch einmal an Nietzsches Bionegativitätsverdacht gegen Sokrates und seine Warnungen vor dem moralisch-theoretischen Geist. Nun ist ja Nietzsche, wie man inzwischen wissen kann, wieder der erste nennenswerte Muttersohn der neueren Philosophie, auch wenn er alles unternahm, um aus sich selbst einen formidablen Vatersohn zu machen. Die Muttersohnqualitäten verraten sich in allen Einzelheiten seiner intellektuellen Physiognomie, an erster Stelle in seiner antimetaphysischen Option, in seiner psychologisch-tratschfreudigen Grundhaltung, in seinen Schwangerschaftsphantasien, in seinem Lob der Vieldeutigkeit und in seiner Wiederentdeckung des genealogischen Denkens, das ja an sich schon der reinste logische Feminismus ist. Nun prallt, wie gezeigt, der postmoderne Muttersohn Nietzsche mit größter Heftigkeit auf den nacharchaischen Muttersohn Sokra-

tes. Was er ihm so erbittert vorwirft, haben wir gehört
– Sokrates habe das Wesen der Tragödie nicht mehr
verstanden. In Wahrheit sind Sokrates und Nietzsche
lediglich ein früher und ein später Zeuge derselben
tragischen Struktur. Sehen wir näher zu, so erkennen
wir den Kern der tragischen Handlungen in der Unmöglichkeit, ein Sohn zu sein. In der Hochkultur ist
die Lage der Söhne allemal aussichtsreich ausweglos
– im übrigen zeigt sich erst heute auch die Tragödie
der Schwestern, seit die Frauen ihrerseits anfangen,
sich der Unmöglichkeit, eine Tochter zu sein, zu
stellen. Ich denke, daß Sokrates für den Tragödienstoff
des unmöglichen Sohnes eine Behandlung entworfen
hat, die an Tiefe der Antwort Nietzsches ebenbürtig,
ihr an Menschenfreundlichkeit in mancher Hinsicht
überlegen scheint. Wo Nietzsche, der Pfarrermutter-
sohn, den Übermenschen lehrt, als den eigentlichen
Übersohn, der sich zum gewissensfreien Weltkind
enthemmt hat und nun in aller Unschuld der Welt auch
fürchterlich mitspielen »darf«, da lehrt Sokrates, der
Hebammensohn, den besonnenen und entbundenen
Menschen, der in fötaler Negativität sich darum sorgt,
keine Spuren weiteren Unrechts und zusätzlicher Gewalt in der Welt zu hinterlassen. Das übermenschliche
Weltkind gebärdet sich wie ein fröhliches Projektil, ein
aus sich selbst rollendes Rad, das in spielerischer
Destruktivität durch die Weltarena saust. Der sich ins
helle Nichtwissen zurücknehmende sokratische Weise
übt erwachsen-kindliche Enthaltung von der Verursa-
chung neuer weltlicher Wirkungsketten. Seine Negativität hat keinen anderen Sinn als den, die Seele aus der

positivierten Welt als dem Schauplatz des Krieges zwischen Identitäten zurückzuziehen. Seine Weisheit ist die eines profunden Weltvorbehalts. Dieser appelliert jedoch an kein Jenseits, keine Transzendenz, sondern an die Fülle der Negativität, die zu den Geburtsrechten jedes Individuums gehört. Die sokratische Differenz zum Verblendungs- und Gewaltzusammenhang der positiven Meinungen wird nicht durch Lebensverzicht gewonnen, sondern durch die Erkenntnis, daß das für uns Beste nicht auf der Linie des Wissens, Wollens und Könnens liegt, sondern in der Zuwendung zu dem allbefassenden Nichtwissen, in dem auch das Können und Wollen zur Ruhe und zur Schwebe finden. Für Sokrates steht darum der Weg der Negativität allein noch offen. Dieser führt ihn geradewegs zu den jungen Leuten an den athenischen Sportstätten, zu den glänzenden Jugendlichen Attikas. Es war Hölderlin, der dem Sokrates angemerkt hat, was er dort suchte: »Wer das Tiefste gedacht, liebt das Lebendigste.«

Meine Damen und Herren, ich möchte die heutige Vorlesung mit der These abschließen, daß wir in Sokrates den Gründer der kritischen Theorie zu sehen haben. Deren kritisches Prinzip wird weder durch Lebenshaß noch durch Larmoyanz, noch durch Hoffnung gewonnen, sondern durch einen biopositiven, nichtillusionären, aber unkenntlichen, weil fötalen Weltvorbehalt. Das philosophisch stichhaltige und anthropologisch zuverlässige Prinzip der Kritik, das eine kritische Theorie ermöglicht, wurde in Athen gefunden. Bitte glauben Sie den Gerüchten nicht, meine

Damen und Herren, die sagen, kritische Theorie sei eine Frankfurter Spezialität. Frankfurt hat mit der Entwicklung einer Kritischen Theorie modernen Typs nur insofern zu tun, als es ein Vorort von Jerusalem ist, ich meine das himmlische Jerusalem, welches der einzige bekannte Ort ist, von dem aus man genügend Weltabstand hat, um die Wirklichkeit in Ausdrücken einer Frankfurter Kritischen Theorie beschreiben zu können. Aber das himmlische Jerusalem – ich kann nicht anders – ist doch nur eine naive Replik auf das fötale Athen des Sokrates. Die in allen hochkulturellen Verhältnissen auftretende Unmöglichkeit, ein Sohn zu sein, hat in Frankfurt vor einigen Generationen zu einem weiteren beachtenswerten Lösungsversuch geführt – einem Versuch, der von kryptomessianischen Inspirationen lebt. Die Frankfurter Lösung fiel weder nietzscheanisch-positiv aus noch sokratisch-negativ, sie zielte auf den mittleren Weg eines Messianismus-als-ob, der auf dem Axiom beruht: die vorhandene Welt ist bereits die Fülle des Schlechten, der einzige Lichtstrahl, der in sie hinabreicht, scheint für uns auf in der Brillanz, mit der wir die Einsicht formulieren, daß sie auch in Zukunft nicht anders sein wird. Woraus sich ergibt, daß in Frankfurt bisher nur eine Kritische Theorie-als-ob zustande kam; ich spreche selbstverständlich von der älteren Frankfurter Schule, da sich die jüngere, welche im wesentlichen eine Ethik auf soziologischer Basis sein will, absichtlich nicht mehr auf der Ebene bewegt, auf der sich das Problem einer kritischen Theorie im emphatischen Sinne stellt. Das macht aber: Die Idee des Weltvorbehalts selbst, die, um philosophisch zu gelten, keine theologische sein darf, hängt auch nach den Arbeiten der Frankfurter Denker ebenso in der Luft wie die Kriterien von Dissidenz und Konstruktivität, von Verweigerung und Teilhabe. Meine Damen und Herren, verstehen Sie diese Redensart nicht falsch, die Luft ist für Theorien aller Art der bestmögliche Aufenthaltsort. Aber um ein gültiges »Prinzip« der Differenz offenzulegen, das eine kritische Theorie der Welt und der Gesellschaft ermöglicht, muß die Philosophie erst den sokratischen Seeweg ins ozeanisch Negative wiederentdecken. Erst im Licht der fötalen Negativität wird die Idee einer kritischen Theorie als solche deutlich: Der fötale Weltvorbehalt zeigt uns eine Form des Nicht-von-dieser-Welt-Seins, die ganz von dieser Welt ist, eine nichttranszendente Transzendenz – oder, um das philosophisch entscheidende Motiv auszusprechen: eine ontologische Differenz ohne Metaphysik.

Darum glaube ich, daß in der so verstandenen kritischen Theorie von Athen – in der die Spuren einer eleusinischen und mantineischen Initiation nicht ganz verweht sind – ein bisher nicht ausgeschöpftes Potential verborgen liegt. Es ist an der Zeit, ein neues Gespräch zwischen Muttersöhnen und Muttertöchtern in Gang zu bringen, nachdem die Utopien des patriarchalischen Weltalters ebenso tot sind wie die Verheißungen der guten Vaterschaft. Ich träume manchmal von einem Gespräch zwischen dem Muttersohn Adorno, von dem für meine Generation in den Fragen einer Negativität aus Empfindlichkeit am meisten zu lernen war, und dem Hebammensohn Sokrates, dessen negative Rätsel auch nach zweieinhalbtausend Jahren positiver Theorie so ungelöst scheinen wie zu ihrer eigenen Zeit. Es könnte nicht ausbleiben, daß im Dialog zwischen diesen Denkern auch das weltgeschichtliche Gespräch zwischen Athen und Jerusalem auflebte, um die Frage nach dem Wesen der Geschichte neu zu stellen, die aus den Impulsen dieser Städte entsprang. Ich meine, daß ein solches Gespräch geeignet wäre, die unheilige Allianz zwischen Konstruktivismus und Zynismus zu sprengen, die im Zentrum des heutigen Zeitgeistes wirksam ist. Was heute Zeitgeist heißt, ist das Rattenrennen der demoralisierten Söhne, die, von allen guten Entbindungsgeistern verlassen, sich zu hohler Dynamik verurteilt fühlen. Das maßgebliche Kapitel in der Geschichte einer künftigen kritischen Theorie dürfte aber erst aufgeschlagen werden, wenn die Überlieferungen des westlichen Negativismus selbstbewußt genug geworden sind, um, jenseits vom Import und Export der Ideen, dem unermeßlichen Kontinent der altasiatischen Fötalgnosis gegenüberzutreten. Doch ist es bis dahin noch ein weiter Weg, und die sprachlichen, psychologischen und soziokulturellen Voraussetzungen zu einer solchen Begegnung sind bislang nicht erfüllt, auch wenn sich ihre Vorzeichen in letzter Zeit vermehren.

Meine Damen und Herren, ich spreche das nächste Mal über eine Poetik der Entbindung. Bei dieser Gelegenheit will ich den Syllogismus über den sterblichen Sokrates ein wenig abändern. Sie kennen ihn zweifellos: Alle Menschen sind sterblich. Sokrates ist ein Mensch. Also ist Sokrates sterblich. Die Version, die beim nächsten Mal zu hören sein wird, lautet geringfügig anders: Alle Menschen sind geboren. Sokrates ist ein geborener Geburtshelfer. Also ist Sokrates – ich werde in der kommenden Stunde verraten, wie das Wort heißen muß, das hier folgt. Doch vermutlich wissen Sie es dann schon selbst, denn diesmal haben wir über Pfingsten Bedenkzeit.

4. Poetik der Entbindung

Meine Damen und Herren, läge Frankfurt nicht am Main, sondern am Ganges, dann wäre heute meine Aufgabe wahrscheinlich leichter zu lösen. Ich bräuchte dann nicht umständlich einen philosophischen Existenzbegriff zu erläutern, ich müßte mich nicht um eine phänomenologische Beschreibung unseres In-der-Welt-Seins bemühen, ich hätte nicht zu erläutern, wie sich das lateinische Wort Existenz in dem griechischen Wort Ekstase spiegelt, es wären auch nicht viele Bemerkungen zu machen über die Fundierung des Ekstatischen im Alltäglichen und des Alltäglichen im Ekstatischen, und außerdem müßte ich nicht immer so unnatürlich deutlich sprechen, damit die Herren Aufnahmeleiter vom indischen Fernsehen zufrieden sind. In Frankfurt am Ganges säßen wir jetzt unter Mangobäumen in der Abendbrise, wir schauten hinüber zu den Ghats, wo die Frommen zum Tauchbad in den heiligen Fluß hinabsteigen, draußen auf dem offenen Wasser sähen wir hin und wieder mit Stoffen verschnürte Pakete schwimmen, die die Formen menschlicher Körper andeuten, die Luft wäre erfüllt von Geräuschen und Gerüchen, die an das Tote und das Lebende erinnern, die Sonne stünde schon tief über dem Strom, und ich würde anfangen, zu Ihnen zu sprechen, indem ich eine Geschichte erzählte. Ach, in Frankfurt am Ganges gäbe es kein Privateigentum an Geschichten, es wäre eine Vergegenwärtigung tradierter Weisheit und kein Plagiat, wenn ich Ihnen die Geschichte von den

Göttervögeln vortrüge. Die meisten unter Ihnen würden sie selbstverständlich kennen, denn Ramakrishna hat sie oft erzählt, Swami Muktananda hat sie erzählt, Sri Aurobindo hat sie erzählt, und außer ihnen hundert andere, jeder auf seine Weise, und jeder auch in seiner Art richtig, da es im Strom der mündlichen Überlieferung zwischen Originalen und Kopien keinen Rangunterschied gibt, hier ist die Wiederholung so originell wie das erste Mal und jede Reproduktion eine Premiere. Trotzdem wären Sie, meine Damen und Herren, erneut auf die Geschichte neugierig, weil Sie von früheren Vorträgen her wissen, daß man nie sicher sein kann, ob man sie verstanden hat. Ich würde also die Legende von den Vögeln erzählen, die höher fliegen, als die Gipfel des Himalaja aufragen. Sie heißen die Göttervögel, weil sie unsterblich sind. Schweben sie erst einmal in den Lüften, sind sie von den Schwerkräften der Erde entbunden. Sie brauchen keine Nahrung aufzunehmen, da sie sich vollständig selbst genügen. Nie landen sie auf dem Boden, ihr Aufenthalt sind ausschließlich die höchsten Regionen der Luft, sie schlafen auch in der freien Höhe, sie lieben sich unter offenem Himmel und über der offenen Erde, sie scheinen nichts zu brauchen außer Höhe und Weite, als seien sie imstande, sich durch die Nabelschnur der eigenen Seligkeit zu versorgen. Der einzige Augenblick im Göttervogelleben, in dem dieses losgelöste Dasein in Gefahr kommt, gestört zu werden, existiert ganz am Anfang. Denn als erdentbundene Geschöpfe legen die Göttervögel ihre Eier in die Luft. Während das Ei aus größter Höhe der Erde entgegenfällt, brütet die Sonne es aus. Wenn die Mutter hoch genug geflogen ist, dann ist die Zeit, die bis zum Ausschlüpfen des Jungen vergeht, gerade ausreichend, damit das stürzende Ei noch über der Erde von innen her zersprengt wird – der junge Göttervogel schlüpft in der Luft aus, er fühlt den Sturzwind in den Federn, er fängt sich im freien Fall, er breitet die Fügel aus und beginnt wieder zu steigen. So ist zu der Gattung der seltenen und wunderbaren Vögel ein neues Exemplar hinzugekommen.

Aber längst nicht alle Jungen sind so glücklich, noch über der Erde auszuschlüpfen und sich noch in der Luft zu fangen. Vielleicht flog der Muttervogel bei der Eiablage nicht, wie nötig, bis in die äußersten Höhen, vielleicht haben Wolken die Sonne verdeckt und dem stürzenden Objekt die zum Brüten nötige Wärme vorenthalten, jedenfalls kommt es mehr als einmal vor, daß die Zeit für das Götterküken nicht genügt, um sich rechtzeitig zu befreien. Die Schwerkraft ist zu stark, der Sturz zu schnell, die zusammengepreßte Gestalt des Vogels bleibt in dem kalkigen Gefängnis eingeschlossen, während der Erdboden sich bedrohlich nähert. Verzweifelt will das Junge heraus, aber es ist zu spät, die Erde saugt mit ungeheurem Sog das stürzende Ei zu sich hinunter, und so geschieht, was nie hätte geschehen dürfen und was sich doch allzuoft ereignet, das Ei zerschellt am Boden. Wie betäubt steckt das Junge in der zerbrochenen Schale, es ahnt noch einmal, daß es versäumt hat, rechtzeitig aufzufliegen, flügellahm liegt es auf der Erde, vom Blitz getroffen, von Helligkeit und Schwere niedergeschmettert. Nun wird es nie mehr fliegen lernen. Ist der erste Schock vorüber, so rafft es sich auf, es flattert auf der Stelle, dann resigniert es vor der Schwerkraft und versucht, wenigstens selber gehen zu lernen. Das gelingt auch meistens – manche von den abgestürzten Göttervögeln reden in ihrem späteren Leben immerzu davon, wie wichtig für ihresgleichen der aufrechte Gang sei. Aber soviel die vertikalen Tiere auch auf dem Erdboden herumlaufen, sie werden nie das Gefühl abschütteln, daß etwas mit ihnen nicht völlig in Ordnung ist. In einem verborgenen Winkel ihres Gedächtnisses lebt eine Ahnung davon weiter, daß einmal andere Möglichkeiten offenstanden, die ihnen vorenthalten blieben.

Meine Damen und Herren, nur bis hierher will ich die Geschichte ausführen, die ich Ihnen in Frankfurt am Ganges unter den Mangobäumen erzählt hätte. Sie dürfen sich darauf verlassen, daß ich das alles breit ausgeschmückt hätte, wie einen philosophischen Märchenteppich, in den immer neue Fäden eingesponnen werden. Ich hätte manche Binnengeschichten erzählt, zum Beispiel über Erdvögel, die am Ende doch wieder fliegen lernten, und hätte analytische und mystische Kommentare dazwischengeflochten über Ramana Maharshi und Meister Hakuin, über Johann Gottlieb Fichte und Rabbi Derrida, über indische Mitternachtskinder und kalifornische *high-noon-children.* Es wäre inzwischen dunkel und auf dem Wasser des Ganges trieben schon kleine Öllämpchen, die an die Seelen auf ihrem Weg zum Meer erinnern. Das Publikum löste sich jetzt allmählich auf, die Zuhörer verlören sich in den Straßen der Stadt, bald käme die Stunde, wo die hungrigen weißen Büffel über die Plätze streifen, um in den Müllhaufen nach eßbaren Resten zu suchen. Sicher hätten die meisten Hörer die Geschichte sofort vergessen, nur der eine oder andere ginge nach Hause mit dem Gefühl eines Ziehens zwischen den Schulterblättern. Die Leute von Frankfurt am Ganges sind manchmal sehr suggestibel, sie können die seltsamsten imaginären Physiologien persönlich nehmen, und nach dieser Geschichte hätten wohl manche von ihnen die untrügliche Empfindung, daß sich in ihrem Rücken die verkümmerten Ansätze von Flügeln bemerkbar machen. Zwar ist es unmöglich, und trotzdem geschieht es in unmißverständlichen Zeichen. An einem Abend wie diesem fiele manchen das Einschlafen schwer, bis drei Uhr morgens wälzten sie sich im Bett, schlaflos vor Nichtfliegenkönnen.

In Frankfurt am Main sind solche Szenen schwerlich vorstellbar. Nicht, daß es in diesem Frankfurt keine frommen oder nachdenklichen Leute gäbe. Auf ihre Weise sind die Herrschaften am Main genauso beflissen an höheren Dingen interessiert wie die am Ganges. Nur taucht man hier nicht in das vorhandene Mainwasser, schon das Umweltbewußtsein verbietet solche Gesten der Kritiklosigkeit, doch um diese Stunde steigen die Großbankbrahmanen in ihre Bilanzen zum rituellen Tauchbad, es ist ja nicht einzusehen, warum Geldströme nicht auch heilige Flüsse sein sollten. Kulturanthropologen haben kürzlich festgestellt, daß die in der Frankfurter City und im Main-Taunus-Kreis dominierende Lebensform als monetarisch-informatischer Pantheismus zu gelten hat, was zu dem Schluß berech-

tigt, daß man es hier nicht mit einem bloßen Lokalkul-
tus zu tun hat, sondern mit der hessischen Spielart einer
Weltreligion. Wie alle Hochkulturen bisher ist auch die
Frankfurter Mainzivilisation am flüssigen Element
orientiert. In der Nachfolge Ägyptens, Mesopota-
miens und der Industalkulturen hat sich am Main eine
Geld- und Zeichenstromkultur ausgebildet. Deren
herausragende Merkmale sind die Buchmesse, die einmal im Jahr, und die Buchungsmessen, die permanent
gefeiert werden. Darin liegt der Grund, warum am
Main Szenen wie die am Ganges nicht ohne weiteres
vorstellbar sind. Die Maintalkultur ist eine exklusive
Buchungskultur, hier fordert die Buchkunst ihre Opfer. Man kann sich nicht einfach stundenlang unter
Bäume setzen, um aufs Wasser zu schauen und Geschichten zu erzählen. Es gibt keinen Raum für orien-
talische Flugträume und keine Zeit für Dinge, die nur
aus dem Mündlichen heranwehen, es fehlt auch an
Bühnen für Äußerungen, die erst wahr werden, wenn
jemand sich die Mühe macht, sie aus dem Buchdasein in
eine andere Wirklichkeit zu übersetzen. In einer Buchungskultur gehen die Dinge direkt aus einem Buch in
das andere über, Umbuchung ist das ganze Leben, die
Zwischenräume werden klein gehalten, um die Dinge,
die nicht zu Buche schlagen, am Wachstum zu hindern.
Auch bekommen die Angehörigen der Umbuchungs-
kultur am Main vom Nichtfliegenkönnen keine schlaflosen Nächte, sie sind ja berühmt für ihre Fähigkeit,
zusätzliche Startbahnen zu bauen, wenns ums Abhe-
ben geht.
Aber auch hierzulande machen Menschen in steigender

Zahl ihre Erfahrungen mit der Schlaflosigkeit. Mediziner behaupten, das Phänomen habe sich in den letzten Jahren zu einer Epidemie entwickelt, jeder vierte oder fünfte sei davon betroffen. Für Schriftsteller ist das eine Nachricht, die Hoffnungen weckt. Meine Damen und Herren, ich setze auf folgende Spekulation: Wenn es Menschen gibt, die wegen des Gefühls, nicht fliegen zu können, schlaflos werden, so müßte es auch Menschen geben, die mit Hilfe der Schlaflosigkeit auf das Gefühl, nicht fliegen zu können, stoßen. Man nennt das Ausdrucksumkehrung. Zum Beispiel geht seelischer Kummer üblicherweise den Weg von innen nach außen, vom Affekt zu den Tränen. Aber es gibt genauso den umgekehrten Weg: Man schneidet einigermaßen fröhlich die Zwiebeln für den Coq au vin, der Zwiebelsaft reizt die Augenhäute, es tränt, die gute Laune verfliegt mit einem Schlag, und weil man ohnehin schon beim Weinen ist, nimmt man die Gelegenheit wahr, den ganzen Jammer dieser Welt zu empfinden. Dank solcher Rückwirkungen ist auch die Schlaflosigkeit ein fruchtbares Kapitel der Philosophie. Ich gehe so weit zu behaupten, daß philosophisches Denken nur bei Schlaflosen Tiefe bekommt, weil die Nacht die Mutter der Ontologie ist.

Alles ist still, ich bin allein, es gibt nur mein Wachsein, das wie eine Zeitbombe tickt, und sein Gegenüber, die dunkle, formlose Masse der Welt, die mich anschweigt und zur Entmenschung einlädt. In solchen Augenblicken wird klar, daß das Wort Sein ein Synonym für das Nichts ist – bevor man das nicht weiß, läßt einen das ontologische Problem in Ruhe.

Einer der großen Schlaflosen in der Literatur unseres Jahrhunderts ist der Exilrumäne Emile Cioran. Er ist einer von denen, die einem in Frankfurt am Ganges über den Weg laufen könnten. Zugleich ist er ein beredter Zeuge für das Phänomen der Ausdrucksumkehrung. Seine Schlaflosigkeit machte aus ihm einen der wenigen nennenswerten modernen Autoren, bei dem das Weltgefühl des zerschellten Göttervogels auf philosophische Weise folgenreich wurde. Cioran legte im Jahr 1973 ein kleines Buch unter dem Titel: *De l'inconvénient d'être né* vor, zu deutsch: *Vom Nachteil geboren zu sein*, seltsamerweise in Frankfurt am Main verlegt. Das Buch verdient es ohne Zweifel, in den Kanon einer schwarzen Gnosis aufgenommen zu werden. Autoren mit schwarzgnostischen Neigungen sind Märtyrer, die für ihren Unglauben ins Feuer gehen. Wenn Cioran fragt: »Was ist eine einzige Kreuzigung verglichen mit jener täglichen, die der Schlaflose erleidet?« (ibid., S. 15), so ersteigt er in wenigen Worten das höchste Niveau der Unerlösbarkeit und bekennt sich dazu, ihr Zeuge zu sein. Im Licht seiner chronischen Höllenfahrt erscheint ein Einmalgekreuzigter wie ein Aphoristiker, der mit Mühe sieben Worte am Kreuz zustande brachte. Der Schlaflose legt mehr als sieben Bücher vor mit Aphorismen aus Tausenden von unerlösten Nächten. Cioran schreibt:

»Drei Uhr morgens. Ich nehme diese Sekunde wahr, dann jene, ich ziehe die Bilanz jeder Minute. Wozu das alles? – Weil ich geboren wurde. Aus durchwachten Nächten besonderer Art erwächst die Infragestellung der Geburt.« (ibid., S. 5)

Doch löst sich aus dem nächtlichen Brüten eine euphorische Hypothese:

»Sich unaufhörlich auf eine Welt beziehen, in der noch nichts sich herabgelassen hat, aufzutauchen, und in der man das Bewußtsein vorausahnte, ohne es zu begehren, sich in der Virtualität wälzte, in der nichtigen Fülle eines Ich vor dem Ich... Nicht geboren sein, schon der Gedanke daran – welches Glück, welche Freiheit, welche Weite!« (S. 22)

»In der Beängstigung und Verwirrung die plötzliche Ruhe im Gedanken an den Fötus, der man war.« (S. 20)

»Wenn Anhaften ein Übel ist, muß man den Grund dafür im Skandal der Geburt suchen, denn geboren werden heißt anhaften. Daher müßte die Loslösung dafür sorgen, die Spuren dieses Skandals, des schwerstwiegenden und unerträglichsten von allen, zu verwischen.« (S. 15)

In der Nachbarschaft dieser Sätze, die ausreichen würden, um Ciorans Stellung als zweiter Patriarch des Eurobuddhismus zu festigen – der erste war Schopenhauer –, schreibt der Autor eine Bemerkung nieder, von der es mir undenkbar erscheint, daß sie nicht eines Tages als Axiom einer philosophischen Psychologie anerkannt würde.

»Wir rennen nicht dem Tod entgegen, wir fliehen vor der Katastrophe der Geburt, wir zappeln uns ab – Gerettete, die vergessen möchten. Die Angst vor dem Tod ist nichts als eine Projektion der Angst, die mit unserem ersten Augenblick anhebt, in die Zukunft. Es widerstrebt uns, soviel ist gewiß, die

Geburt als Geißel zu betrachten: hat man uns nicht eingebläut, sie sei das höchste Gut, das Ärgste sei am Ausgang unserer Laufbahn zu finden und nicht an ihrem Beginn? Das Übel, das wahre Übel ist jedoch *hinter* uns, nicht vor uns. Das ist Christus entgangen, das hat Buddha gewußt: ›Wenn drei Dinge nicht in der Welt existierten, oh ihr Getreuen, so würde der Vollendete nicht in der Welt erscheinen...‹ Und noch vor dem Alter, vor dem Tod sieht er das Geborenwerden als Quelle aller Gebresten und aller Katastrophen.« (S. 5 f.)

Wenn aber die Geburt der Drehpunkt der Negativität ist, so ist doch ihre Widerrufung kein Allheilmittel. An einer einzigen Stelle scheint Cioran einzulenken und sich zu dem Unglück, dazusein, herablassen zu wollen.

»Ich verzeihe mir nicht, geboren zu sein. Es ist, als hätte ich, indem ich mich in die Welt einschlich, ein Mysterium profaniert, eine Verpflichtung hohen Ranges verletzt, einen unsagbar schweren Fehler begangen. Doch kommt es vor, daß ich weniger schneidend reagiere: dann erscheint mir Geborenwerden wie ein Unheil, das nicht gekannt zu haben mich untröstlich machen würde.« (S. 15)

Meine Damen und Herren, ich möchte dieses große Selbstbekenntnis zum Ausgangspunkt der heutigen Überlegungen machen, die einer Poetik der Entbindung gelten. Der Nachteil, geboren zu sein nämlich, mag er auch der absolute Nachteil sein, eröffnet den Mindestvorteil, sich ein Leben lang über ihn beklagen zu können. Das Minimum an Positivität, das der

Cioransche Negativismus zugesteht, stiftet zugleich eine elementare Voraussetzung für eine Poetik der Entbindung. Nicht umsonst ist die Klage ein ursprünglicher Modus von Poesie und Musik. Über den Verlust des Vorteils, gegen die Nachteile der Geburt protestieren zu können, wäre selbst Cioran in seinen milderen Augenblicken untröstlich. Indem der Autor unnachgiebig gegen das Angeheftetsein ans Wirkliche Klage führt, realisiert er den kleinsten möglichen Gewinn aus den infamen Folgen der Entbindung. Mit einer lebenslangen Serie geschliffener Geburtsschreie inauguriert Cioran eine Literatur des anfänglichen Traumas.

Meine Damen und Herren, das erste Element in der kleinen Weltpoetik, die ich im folgenden entwickeln möchte, ist etwas, was ich das Entbindungsapriori nenne. Nicht Sprache und Kommunikation bilden die ersten Bedingungen der Möglichkeit, daß Menschen sich zu einer gemeinsamen Welt bringen, sondern die Entbindung jedes einzelnen Individuums aus der fötalen Kommunion mit der Mutter. Erst nach dieser kommunionellen »Grundlegung« und nach ihrer Sprengung kann es irgendwann einmal auch Kommunikation geben – aber nicht als erste Voraussetzung, sondern als spätes Resultat. Die deutsche Sprache ist in Entbindungssachen förmlich: die Mütter werden entbunden, die Kinder kommen zur Welt. Was auffällt, ist der konsequent privative Sinn der Vorsilbe »ent« im Wort Entbindung. Eine Bindung wird aufgehoben, nämlich die der schwangeren Mutter an das, was sie zunehmend beschwerte; ihr Schoß wird wieder leicht und frei, Entbindung hat stattgefunden. Das Kind für sich war im Mutterleib frei und leicht, sozusagen entbunden und losgelöst, und wird erst durch die Geburt schwergemacht und an die Welt angeheftet. Das Entbindungsapriori macht sich somit zunächst ausschließlich bei denen geltend, die in der Welt sind und das Gewicht der Welt schon spüren. Wer etwas zur Welt bringt, tut das, um *sich* zu entbinden und um *sich* leichter zu machen. Dem neu hervorgebrachten Wesen kommt die Entbindung, so betrachtet, noch nicht direkt zugute, es wird ja mit der zu Lebzeiten nicht mehr aufhebbaren Last, dazusein, beschwert.

Zum Entbindungsgewinner würden die Neulinge erst werden, wenn sie ihrerseits anfangen, Gewichte abzuwerfen und Bindungen aufzulösen. Deswegen ist die abgegriffene Redensart von den Werken als den Kindern der Künstler nicht nur eine zuckerige Metapher im Munde von alten Kulturjungfern.

Dennoch hat die Entbindung der Mutter vom Kind als Anbindung des Kindes an die Welt auch für dieses einen befreienden Aspekt. Denn während der geburtsnahen Phase verwandelt sich die Schwebehöhle der nirvanischen Mittelzeit in die Engehölle der perinatalen Endzeit – das ist das Stadium, in dem das platonische Höhlengleichnis einsetzt, wie überhaupt alle Umdeutungen von Höhlen zu Höllen bereits zum perinatalen Katastrophenszenario gehören. Das Wort Entbindung nimmt folglich auch in bezug auf das Zurweltkommende eine positive Bedeutung an, denn für den Weltneuling heißt Entbundensein Entklemmung und Entengung; das liefert den szenischen Prototypus aller Erfahrungen von Befreiung. Im Geburtslicht scheint der erste Blitz externer Freiheit auf, mit ihm kommt Helligkeit von vorn und oben, in ihm klafft die Lichtung auf als das ontologische Entbindungsmoment schlechthin, und mit den Trompeten des Lichts öffnen sich Offenheiten für alles, was später als Dimension und Spielraum eine kategoriale Verfassung erhalten wird; die *Vita Nova* Dantes und Blochs hat in der Vergegenwärtigung dieses Auftakts ihre Substanz; er gibt das unbedingte Signal, das den im Kerker verlorenen Florestan wieder hoffen läßt – man berichtet, daß Ernst Bloch zeitlebens diese Passage aus Beethovens Oper nicht habe hören können, ohne daß ihm die Tränen kamen.

Meine Damen und Herren, die Entbindung der Mutter vom Kind, so habe ich zunächst formuliert, bringt die Anbindung oder Anheftung des neuen Lebens an die Welt mit sich. Es ist nun Zeit, den falschen Anteil an dieser Formulierung zu korrigieren – ich meine den verfrüht und verzerrt eingeschmuggelten Weltbegriff. Denn eine Welt im eigentlichen Wortsinne, an die es »angebunden« werden könnte, gibt es für das ankommende Kind im Augenblick seines Exodus aus dem Mutterleib gerade nicht. Die These über sein beginnendes Weltverhältnis muß darum folgendermaßen richtig lauten: es kommt zur Anheftung des Kindes ans Offene, ans Unabsehbare, ans Ungewisse. Im Erleiden der Entbindung fällt das zur Welt gebrachte Kind für sich nirgendwo anders hin als in die Schwere der Freiheit und in die Arme einer Gegenschwerkraft, die umgangssprachlich Liebe heißt. Darum hat Sartre recht, wenn er sagte, der Mensch sei zur Freiheit verurteilt –

ich glaube nur, daß der Satz etwas ganz anderes bedeutet, als Sartre sagen wollte, denn die Verurteilung zur Freiheit zeigt sich nicht in der Nötigung, sich selbst zu wählen, sondern in der zeitlebens fortgehenden geburtlichen Bewegung, die zur Bindung an das Unheimliche, Offene führt. Ich habe den Ausdruck Welt zurückgezogen, weil Welt erst später als Inbegriff der Inhalte in der Öffnung, zu der wir entbunden sind, ins Spiel kommt. Da zeigt sich allerdings, daß Menschen in der Regel weltsüchtig sind, das heißt drogenabhängig von den Füllungen, die die Welt bedeuten. Was man Weltbindung nennt, ist in Wahrheit Bindung an das, was die Uröffnung füllt, also Füllungsbindung vor dem Hintergrund von Öffnungsangst. Darum ist der unsichtbare Grund des Positivismus die Panik, die aus der Ahnung steigt, daß Welt etwas ist, was auch nicht gegeben sein kann und was nur an den dünnen Fäden von Versprechen hängt. Meine Damen und Herren, ich werde in der nächsten Stunde zeigen, daß für uns die Sprache die eigentlich weltgebende Instanz ist. Sie eröffnet die ekstatische Landschaft, in der Menschen sich aufhalten, auch wenn sie diese meistens so eröffnet, daß sie ihr Offenstehen zugleich verstellt. Ich werde versuchen zu erklären, worin das Wesen der Sprache besteht – in dem Bezeugen des Versprechens der Sprache: den Nachteil, geboren zu sein, in den Vorteil zu verwandeln, durch freie Sprache zur Welt zu kommen.

Meine Damen und Herren, Sie sehen, die nächste Vorlesungsstunde, die die letzte in dieser Reihe sein wird, wirft bereits ihren Schatten voraus. Ich kann es nicht leugnen, das Aufhören mit dieser Veranstaltung fängt jetzt schon an, wo doch die Schwierigkeiten mit dem Anfangen kaum begonnen haben, sich von einer erträglichen Seite zu zeigen. Am Beginn meiner Überlegungen zu einer Poetik der Entbindung zwingt sich der Gedanke ans baldige Ende der Vorlesungsreihe auf, und ich bin gezwungen, mit der begrenzten verbleibenden Zeit hauszuhalten. Aber das trifft sich nicht schlecht, weil ich jetzt ohnehin über Haushaltsfragen, Ökonomie, Notwendigkeiten und Dringlichkeiten sprechen muß. Ökonomie als Bewußtsein von den Notwendigkeiten, die sich durch Aufstellung von Häusern und Haushaltungen ergeben, bedeutet ja primär, die Reihenfolge erkennen, in der unter befristeten Verhältnissen Dinge zu tun sind. Gäbe es keine Termine, dann gäbe es keine Reihenfolgen und keine Dringlichkeitsstufen, weil alles zu beliebiger Zeit früher oder später geschehen könnte – was im übrigen dem Lebensgefühl vieler frei driftender Existenzen entspricht, die es sich leisten können, von Ökonomie nichts zu verstehen. Es gäbe dann strenggenommen auch nichts zu tun, weil der Begriff Tat eine Beschleunigung voraussetzt, welche überflüssig ist, sobald alles in der spontanen Drift der Dinge, sich irgendwann von selbst zu ereignen, aufginge – das wiederum ist ein Gefühl, das Sie von den Sonntagen des Lebens her kennen. Aber wo es Termine gibt, dort gibt es auch Reihenfolgen und Wichtigkeitsgrade, folglich müssen *first things first* erledigt werden, dann gibt es die Differenz zwischen Fahrt und Drift, und dann wird auch klar, daß das Handeln immer Fahrtcharakter hat, denn sein Prinzip besteht darin, schneller zu sein als die Drift in der Zufallsströmung. Kurzum, die Zeit wird knapp, und es sieht so aus, als müßte von jetzt an das Wichtigste in Kürze gesagt werden. Sicher beruhte es auf Leichtsinn, so kurz vor dem Ende einer Veranstaltung eine Weltpoetik anzukündigen, wo doch abzusehen war, daß man mit dem Stoff nicht durchkommt. Mir geht bei dieser Gelegenheit die Redensart »die Zeit drängt« durch den Kopf, und es fällt auf, wie sehr die Umgangssprache einem vulgären, verhärteten Zeitbegriff erliegt. Ich meine, Gründe für die Annahme zu kennen, daß, wenn die Zeit drängt, es gar nicht die Zeit ist, welche drängt. Bei einer genaueren Analyse zeigt sich, daß niemals die Zeit als solche drängt, sondern der Drang als solcher Reihenfolgen zeitigt; an deren uns zugekehrten Spitzen stehen immer die Dinge, die wir als unumgängliche Dringlichkeiten erleben. Unter dem Druck des Dringlichen vollzieht sich die menschliche, allzumenschliche Umwandlung von Notwendigkeit in Erste Selbsthilfe. Wie auch immer man die basale Angestrengtheit von Menschen beschreiben wird, zu einem klaren Bewußtsein von Welterzeugung kann doch nur kommen, wer sich über das Pathos und die Pathologie der Existenz im Machtfeld des Dringlichen Rechenschaft ablegt.

Nun sind wir imstande, auf unserem phänomenologischen Weg des Zurweltkommens den nächsten Schritt zu tun: das Entbindungsapriori ist um ein Dringlichkeitsapriori zu ergänzen. Kaum sind wir im Offenen eingetroffen, so beginnt unsere Anheftung an die Welt in der Weise, daß wir von Dringlichkeiten durchdrungen werden. Diese Durchdringung bewegt sich im Spielraum des Gewichts der Welt – zwischen dem Kinderleichten und dem Unerträglichen. Not lehrt bekanntlich nicht nur beten, sondern auch von dieser Welt zu sein. Im Reich der Dringlichkeiten, aus denen die Weltzeitigung erwächst, werden wir in die elementaren Vollzüge sozialer Welterzeugung hineingewoben, die jeder Unterscheidung von Poesie und Prosa vorausliegen. Das Handwerk des Lebens erlernen wir, wenn das unaufschiebbar Nötige weltbildende Antworten entlockt; durch diese werden wir zu Archipoeten und Erzprosaikern zugleich. Nach dem Diktat der Dringlichkeiten verfassen wir unsere basalen Welttexte, und unser Bewußtsein vom Prozeß elementarer Welterzeugung wird um so tiefer sein, je näher es sich an die noch vorsprachlich herandrängenden Ausläufer des Unumgänglichen hält.

Meine Damen und Herren, ich werde im folgenden mit dem seit langem überfälligen Versuch beginnen, die philosophischen Grundgedanken von Marx und Heidegger zu vereinigen. Ich meine zeigen zu können, daß es jenseits der politischen und moralischen Unvereinbarkeiten, die die beiden Autoren trennen, eine unerzwungene und unabweisbare Konvergenz zwischen den Hauptideen des leider folgenreichsten Denkers des 19. Jahrhunderts und des leider bedeutendsten Denkers des 20. Jahrhunderts gibt. Vor allem sind sich beide darin einig, daß die menschliche Existenz in einer nachmetaphysischen Hermeneutik des Wirklichen ausgelegt werden muß. Beide decken in der sozialen Wirklichkeit des Menschen die Fußstapfen des Dringlichen, Unumgänglichen auf – die Spur der Sorge und des Triebs. Marx und Heidegger sind die großen Phänomenologen der Welthärte, an der sich der Freiheitstaumel aller dünnen Idealismen ernüchtern muß. Indem sie, jeder auf seine unverkennbare Weise, das In-Der-Welt-Sein von Menschen vom Dringlichkeitsapriori aus entfalten, bringen sie das Weltverhältnis auf eine nicht mehr kontemplative, sondern dramatisch-aktive Weise zur Sprache: als Inbegriff von Konfrontation, Abarbeitung, Anstrengung und Ringen mit Widerständen. Durch den Anprall der Dringlichkeiten schlägt die Härte und Schwere der Welt ins Dasein ein. Wo das Dringliche vom Verstehen aufgenommen wird, dort kreuzen sich der Hunger und die Sorge, die Not des Arbeitens rührt an den Lastcharakter des Existierens selbst. Der scheinbare Gegensatz zwischen einer Arbeitsphilosophie und einer Eigentlichkeitslehre fällt in sich zusammen, sobald man erkennt, auf welche Weise Marx und Heidegger konkurrierende Entwürfe zur Auslegung desselben Grundproblems vorgelegt haben: sie interpretieren den Menschen grundlegend als dasjenige Wesen, dessen Zurweltkommen durch den Engpaß der Dringlichkeiten gehen muß. Somit versuchen beide, die menschliche Existenz aus einer nicht mehr metaphysisch verstandenen »Basis«dimension zu deuten, ausgehend von den *first things*, die stets zuerst erledigt werden müssen und die doch alles andere als metaphysische Prinzipien sind. Im übrigen verschweigen beide noch immer die Arbeit der Mütter, als wollten sie zwar im Denken vom In-der-Welt-Sein ausgehen, jedoch in der Sache vom Zur-Welt-Kommen abstrahieren – was ein Indiz dafür ist, daß wir es bei beiden Denkern, allen entgegengesetzten Versicherungen zum Trotz, weiterhin mit Metaphysikern zu tun haben.

Marx legt die Dimension Dringlichkeit durch die menschliche Arbeit als Produktion und Aneignung aus; Heidegger liest sie als Inbegriff dessen, was dem Dasein Sorgen aufgibt. Beide versuchen, von dem zu sprechen, was für das notempfindliche Menschenwesen als Basis seiner Existenz zu gelten hat. Nach diesen Denkern können wir die »Basis« nicht mehr einfach als eine massive Unterlage vorstellen, die mit Aufbauten belastet werden soll; basal ist die Qualität der Tätigkeiten, mit denen wir auf das Harte, Schwere, Herausfordernde, Unumgängliche antworten. Weil Marx und Heidegger von diesem Basalen sehr verschiedene Visionen vorlegen, kommt der Anschein auf, daß die Gegensätze zwischen ihnen fundamental und unversöhnbar seien. In Wahrheit treten sich in ihnen die beiden stärksten Denker des für Menschen Nötigen gegenüber, und beide haben als Impulsgeber für die maßgeblichen Theorien des Politischen zu gelten, weil sie das Wesen der Macht als Anwesenheit am Ort der Entscheidung über Dringliches verstehen. Aus solchen Einsichten haben sie die begriffsmächtigsten modernen Hermeneutiken der Unumgänglichkeit geschaffen. Von Marx stammt die Hermeneutik der Arbeit als Passage durchs Reich der Notwendigkeit in das der Freiheit, von Heidegger die Hermeneutik der Entschlossenheit zur Schwere als Durchgang durch die Vereigentlichung in die Gelassenheit. Der Marxsche

Mensch muß sich herausarbeiten, indem er das Gewicht der Welt durch die List der Produktion abträgt, der Heideggersche Mensch muß es sich schwermachen, um im Auge des Zyklons zu heroischer Gelassenheit zu finden. Was aber für die fundamentale Konvergenz beider Denker den Ausschlag gibt, ist dies: von beiden ist das Dringlichkeitsapriori so ausgelegt worden, daß aus dem Durchdrungensein vom Dringenden keine dumpfe Ergebenheit ins Nötige und Nötigende folgt. Beide denken das, was uns drängt, auch als Anstoß zum Aufschwung aus dem Marasmus. Der heißt im einen Fall Entfremdung, im anderen Verfallenheit. Doch beim einen Mal wie beim anderen muß »der Mensch« etwas aus sich machen, wenn er nicht verfallen und verelenden möchte, vielmehr, wenn er nicht seine Unterschrift unter den Befund setzen will, daß er »je schon« verelendet und verfallen ist. Auf eine hinreichend hohe Vergleichsebene gebracht, denken Heidegger und Marx an der entscheidenden Stelle das gleiche. Sie zielen beide auf den ontologisch so brisanten Punkt, wo ein Übergang von der Dringlichkeit in die Initiative vollzogen werden muß. Der für die Neuzeit schicksalhafte Begriff dieses Übergangs lautet Revolution. Wo Marxens und Heideggers Denkwege sich wirklich trennen, dort geht es um die Frage nach dem Sinn von Revolution: der konservative Revolutionär Heidegger fordert den mobilisatorischen Revolutionär Marx in die Schranken; er erkennt in der Schonung der Welt angesichts ihrer längst in Gang gebrachten Veränderung die wirkliche Herausforderung der Epoche. Mit gemeinsamer Luzidität jedoch erfassen beide Denker, daß im Zentrum der Not eine Nötigung zur Abwendung der Not am Werk ist: hellhörig nehmen sie wahr, wie im entfremdeten Dasein die Selbstaneignung anklopft. Damit aber geht der Prozeß der Welterzeugung in ein neues Stadium über. Von den Denkern, die den Übergang aus der Dringlichkeit in die Initiative am tiefsten durchdacht haben, kann man lernen, daß in der Poetik des Zurweltkommens nun noch ein drittes Moment angenommen werden muß: das Initiativapriori.

Es besagt zunächst nicht mehr, als daß Menschen, um zu einer Welt zu kommen, etwas anfangen müssen – ohne eigenes Anfangen keine Welt. Aber dieses Etwas ist nichts Beliebiges. Das Anfangen, um das es in den Welterzeugungsinitiativen geht, meint in erster Linie ein resolutes Anfangen mit sich selbst. Nur wo ein Anfangen solcher Art im Spiel ist, kann davon die Rede sein, daß ein »Subjekt« sich ins Abenteuer der Weltstiftung und Welterzeugung eingelassen hat. In gewisser Hinsicht sind die Begriffe Initiativität und Subjektivität umfangsgleich. Mit sich anfangen: das soll nicht so verstanden werden, daß man bei einem moralischen Großreinemachen am besten zuerst sich selbst behandelt oder nach biblischem Rat vor der eigenen Türe kehrt. Mit sich selbst anfangen heißt auch nicht sich wichtiger nehmen als andere. Das Mitsichanfangen, von dem hier die Rede ist, bedeutet buchstäblich: Sichanfangen. Man muß diese Redewendung hören, als hieße sie: Sichscharfmachen, wie eine Bombe; Sichzururaufführungbringen, wie ein noch nie gespieltes Stück; Sichstarten, wie den Prototypus eines nur einmal vorhandenen Fahrzeugs; Sichentsichern, wie eine Waffe; Sichöffnen, wie eine Tür ins Niedagewesene; Sichübernehmen, wie ein bisher unertragbares Gewicht, das mit einem Mal doch zur Hochstrecke gebracht wird.

Wohin ein solcher politisch-existentieller Selbstzündungsakt führen soll, liegt bei Marx klar auf der Hand: von ihm ist das Proletariat dazu aufgerufen, zu verstehen, was es heißt, die »eigentliche« Produzentenklasse zu sein; hätte es dies erst einmal verstanden, so müßte es sich aufraffen zum Ernstmachen mit dem wesentlichen Produzieren, das heißt mit dem Hervorbringen des Wesentlichen, was nichts anderes bedeutet als die Selbstherstellung einer sozialen Welt, in der die eigentlich Arbeitenden keine von sich selbst entfremdeten armen Teufel mehr wären, sondern solidarische Genießer eines reichen Lebens. Ohne Zweifel ist dies das gewaltigste Projekt, das bisher zur Auslegung des Sinns menschlicher Initiativität formuliert worden ist. Von ihm ist freilich auch eine Evokation zu beispiellosen Feldzügen der produktivistischen Gewalt ausgegangen. Ich merke das an, um Ihnen eine Vorstellung davon zu geben, daß die Aufrufung von Menschen zur Initiativität und die Form dieser Aufrufung die Art und Weise sind, wie, um pathetisch zu reden, in der Moderne das Schicksal zu uns spricht. Die Selbstaufrufung von Menschen zur Initiative ist der Appell der Subjekte an sich selbst, mehr Subjekte zu werden, indem sie selbst Geschichte machen – ihre »eigene Geschichte«.

Was Sichanfangen bei Heidegger zu bedeuten hat, ist

schwerer zu erklären, weil seine Konstruktion der Eigentlichkeit zunächst dunkel und zweideutig ausfällt. In Heideggers Denken geschieht die Initialzündung des sich zu sich selbst entschließenden Daseins nicht so, daß ein bis dahin zerstreut dahintreibendes Subjekt explosiv beschließt, zum Unternehmer einer gehobenen Existenz als energisches Ich-Selbst zu werden. Der Übergang aus dem diffusen, verfallenen Uneigentlichen ins entschlossene Eigentliche läuft bei Heidegger über eine seltsame Implosion, die auf den ersten Blick wie ein düsteres Spiel mit der Idee der Selbstvernichtung aussieht. Die berüchtigten Todesanalysen aus *Sein und Zeit* sind ja auch als ein präfaschistisches Exerzitium des Sprungs ins Nichts gelesen worden; manche Interpreten wollten in ihnen eine klug eingefädelte Verführung zum Subjektopfer im Interesse einer totalitären Erschleichung von eigentlichem Sein erkennen. Diese Lesart ist gewiß in letzter Instanz falsch, aber auf oberflächlicher Ebene nicht völlig von der Hand zu weisen, weil Heideggers Rede vom Sein-zum-Tode und vom Vorlaufen ins Ende ein pseudoapokalyptisches Pathos des scheinbar eigentlichen Todesmutes verbreitet hat, das die Mißverständnisse anlockt. In Wirklichkeit hat Heideggers Todesanalytik einen eher trockenen methodischen Sinn, der in philosophischer Hinsicht freilich die größten Perspektiven eröffnet: es geht ihm darum, das für das ganze neuzeitliche Denken ausschlaggebende Initiativapriori neu zu fassen; er unternimmt den Versuch, das Sichübernehmenkönnen so zu begreifen, daß keine Metaphysik der Ichheit mehr vorauszusetzen ist, weder in theologischer noch in transzendentalphilosophischer Form. Hier denkt Heidegger letztlich revolutionärer als die offiziellen Revolutionäre. Das Sichanfangen, das er meint, kann ja nicht mehr, wie in Fichtes frühen Versuchen, als absolutes Sichsetzen gedacht werden; erstens weil das Fichtesche Ich nur in einer weltlosen Selbstzündung Bestand hat, während Heidegger den Ehrgeiz äußert, vom In-der-Welt-Sein selbst auszugehen; zweitens weil das Fichtesche Bewußtsein nur in Hörweite seiner unbedingten Selbstaufrufung leben kann, jedoch nicht anzugeben vermag, woher es die Sprache hat, in der es sich selbst reden hört; es bleibt in einer nur sich hörenden Selbstevokation gefangen, in der die Welt ausschließlich als Hallraum eines dynamischen Autismus benötigt wird, während Heidegger wenigstens erste Schritte unternimmt, die Stimme der Selbstevokation als Ruf des anderen zu denken.

Die nächste revolutionäre Antwort auf das Problem des Sichanfangens, die von Marx, fällt sachlich und rhetorisch scheinbar realistischer aus, bleibt aber weithin im Umkreis der Fichteschen Logik stehen, sofern auch das »Proletariat« Züge eines Fichteschen Heilssubjekts trägt. Marx deutet Sichanfangen als Akt eines kollektiven Sichsicherarbeitens. Den Anstoß zu dieser geschichtemachenden Initiative meint er sicherzustellen durch eine realistische Theorie des Menschen als intelligenten Triebwesens. Mit Hilfe einer quasi dialektischen Thermodynamik des Elends hofft er, den Übergang von Entfremdung in Aneignung und von Not in Revolution beherrschbar machen zu können. Selbstverständlich liegt im Marxschen Hinsehen auf das reale Notleiden von Menschen ein anthropologischer Fortschritt, der aufbewahrt zu werden verdient. Wie man weiß, hat später Sartre die Antworten Fichtes und Marxens auf die Frage, was Sichanfangen sei, kombiniert und daraus ein Sichentwerfen und Sichwählen gemacht. Für eine ganze Generation von Intellektuellen blieben diese philosophischen Pathosformeln bis in die sechziger Jahre suggestiv – dann breitete sich der Eindruck aus, sich verwählt zu haben. Ist es ein Zufall, daß damals die Kommunikationsgesellschaft mit dem allgemeinen Selbstwählverkehr begann? Vielleicht brauchten da die modernisierten Egoismen den altmodischen Existentialismus nicht mehr. Ich will auch nicht vergessen zu erwähnen, daß uns auf halbem Weg zwischen Marx und Sartre noch die anarchistische Antwort Bakunins begegnet, der Sichanfangen als Sichempören interpretiert – für ihn ist die Empörung das heilige Organ der Freiheit.

Aber noch bleibt Heideggers Antwort zu prüfen. Er interpretiert das Initiativapriori als Entschlossenheit zur Selbstübernahme aus der Verfallenheit – eine Formel, der man nicht nachsagen kann, daß sie es dem Publikum leicht mache. Doch ist auch eine langwierige Entzifferung dunkler Gedanken lohnend bei einem Denker, der auf hintersinnige Weise revolutionärer dachte als die bisherigen Virtuosen der Initiativ- und Freiheitsidee. Heideggers Hermeneutik des Anfangens rollt den gesamten Prozeß der »Seinsgeschichte« noch einmal wie von vorne auf, um die Anfangsfrage auf Weißglut zu erhitzen. So absurd es klingen mag: das Heideggersche Sichanfangen führt bis zur Möglichkeit einer rückwirkenden Revolution in der Vergangenheit. Für Fichte, Marx und Sartre ist die Vergangenheit nichts anderes als ein entfremdetes Totenreich, das man nicht schnell genug hinter sich lassen kann: Sichanfangen heißt für sie, sich von der Vormacht des Gewesenen abstoßen. Heideggers Auslegung des Initiativaprioris hingegen weckt auch die Vergangenheit zu revolutionärem Leben. Sie wird bei ihm zu einem Schoß, aus dem wir noch einmal hervorzugehen vermögen, und zwar anders, als wir bisher aus ihm hervorgegangen sind. Unser Hervorgehen aus dem Vergangenen war bisher nur ein verfallenes und »seinsvergessenes« Geschehen, teils blinde Drift in der Äußerlichkeit, teils seinsvergessene Selbstinszenierung einer herrisch-revoltischen Subjektivität. Bei Heidegger verwandelt sich die Vergangenheit in eine Art ontologische Mutterinstanz, mit der uns noch eine andere Art von Begegnung bevorsteht als jene, die wir im bisherigen Modus unseres Zurweltgekommenseins realisiert haben. Als Kinder der Neuzeit sind wir in Heideggers Augen nichts anderes als Agenten einer mutterlosen muttermörderischen Subjektivität, die sich in das Unternehmen der »typisch modernen« selbstzerstörerischen Selbstverwirklichung gestürzt hat. Doch ist für Heidegger das Sein selbst eine Art Mutter, die uns *von ihr her* auf den mutterlosen Weg geschickt hat – Seinsgeschick bedeutet folglich diese Sendung in die Abstoßung vom »Sein« und in die Selbstaufstellung der Subjektivität. Heideggers Uterozentrismus geht so weit, daß er noch das Vergessen der Mutter als Geschick der Mutter interpretiert; auch die Seinsvergessenheit ist vom Sein »verhängt«. Von hier aus ist evident, daß die Formen von Initiativität, durch die moderne Subjekte sich ablösen und sich anfangen, als reinste Verfallenheit und als Vergessenheit in Aktion durchschaut werden können. Um das seinsgeschichtlich generalisierte Mutter-Kind-Drama mit der ihm eigentümlichen Radikalität pointieren zu können, verkürzt Heidegger das Verständnis von Subjektivität schlechthin bis zur Karikatur: nach ihm besteht das Wesen von Subjektivität in der Aufrichtung einer zur objektivierenden Vergewaltigung der »Dinge« verurteilten Beherrschungsmaschinerie. Er versteift sich, gewiß nicht ohne Grund in der Sache, auf die anklagende »Destruktion« dieser allesverzehrenden, wie ich sie nennen möchte, Sekundärsubjektivität, um Raum zu gewinnen für die Anrufung einer innigen, nachbarschaftlichen, frugalen und weltlöslichen Form von Seinsdankbarkeit; diese könnte man ohne weiteres auch Primärsubjektivität nennen, wenn man sich nur die Mühe macht, die Mißverständnisse aufzuklären, die beim Gebrauch des explosivsten Grundworts modernen Denkens, eben Subjektivität, unvermeidlich ins Spiel zu kommen drohen. Was aber die überragende Originalität von Heideggers Auslegung des Sinns von Sichanfangen ausmacht, ist in dem Umstand enthalten, daß er im Anfang selbst die Spur eines »anderen Anfangs« aufdeckt. Seither ist das Initiativapriori sozusagen nach rückwärts offen. Sichanfangen kann jetzt heißen: sich durch uneingeschränkte Wahrnehmung des tatsächlichen Gewordenseins nachträglich öffnen für die Stimmen und

Spuren eines anderen Anfangs. Während die übrigen modernen Selbstanfänger ausnahmslos vorwärts blicken, um »zu sich« zu kommen, schaut Heidegger, zumindest als Denkender, pathetisch zurück. Der amerikanische Philosoph Allan Megill hat diese Position darum nicht ohne Ursache als einen »Idealismus der Nostalgie« charakterisiert. Heidegger ist der Denker des prophetischen Heimwehs nach der medialen Innigkeit im Sein, der gleichwohl versteht, daß diese im Weltkrieg der objektivierenden Subjektivitäten verlorengehen mußte. Sein ontologischer Prophetismus vollzieht sich ausschließlich als die Evokation des Anderswerdenkönnens unserer Weltstellung von einem anderen Anfang her. Was uns bevorsteht, sagt er, könnte etwas sein, was uns von den unmerklich gewordenen Anfängen unseres Daseins her einholt. Ich neige dazu, diese dunklen Hinweise Heideggers so zu lesen, als habe er von einer Wiederherstellung gewisser Kinderwahrheiten gegenüber den Erwachsenenwahrheiten gesprochen.

Meine Damen und Herren, sosehr diese in sich selbst verschlungenen Gedanken den Alltagsverstand beleidigen und befremden, so scheinen sie doch in mancher Hinsicht nicht ganz absurd zu sein. Wenn nämlich, wie heute jeder zu begreifen beginnt, die »moderne Welt« sich aufgrund unserer entfesselten Initiativen auf riskanten, wenn nicht fatalen Kursen bewegt, dann nicht zuletzt deswegen, weil wir inmitten des Getümmels von Anfängen und Initiativen im Grunde immer noch nicht recht wissen, wie man es anstellt, uns und unsere Dinge so anzufangen, daß sie nicht schnell in selbstverwirklichende Selbstzerstörung münden.

Diese Gedanken über Welterzeugung und Initiativität, meine Damen und Herren, mögen verworren oder verwickelt klingen. Zu ihrer Entwicklung trägt die Erinnerung an einen Zeitgenossen Heideggers bei, von dem ich glaube, daß er sein eigentlicher Kontrahent und Gesprächspartner ist – ich meine Sigmund Freud. Auch er hat das Initiativapriori auf eigenwillige und bedeutsame Weise interpretiert. Zu ihm kamen nicht wenige Menschen, die mit sich selber, wie man zu sagen pflegt, nichts mehr anzufangen wußten. Es war sein therapeutischer Beruf, ihnen bei dem Unternehmen behilflich zu sein, einen besseren Anfang zu finden als den, der sie in ihre gegebene triste Lage gebracht hatte. Freuds Antwort auf die Frage, was Sichanfangen sei, ist lapidar und revolutionär: Sichanfangen heißt Sicherinnern. Um sich aus den tragischen Knoten in den Familienromanen herauszuwinden, muß man sich erst vergegenwärtigen, worum es bei der eigenen Geschichte ging. Die glücklichere Fortsetzung des Romans hat zur Prämisse, daß man begreift, welche unglücklichen Anfangskonstellationen ihn bedingten. Sicherinnern heißt für Freud mehr als im inneren Familienalbum blättern, es bedeutet nicht weniger als die Sprengung der neurotischen Schale, die sich um das zur Welt kommende Leben gelegt hat. Wird der kränkende Konflikt lebhaft genug vergegenwärtigt, so brechen die verirrten Lebensenergien wieder hervor, sie kanalisieren sich neu, es kommt zur Revision des Triebschicksals und zu einer neuen Stellung des Subjekts zu sich selbst. Diese Wende kann man tatsächlich als eine Art Revolution in der Vergangenheit bezeichnen. Das schlimm angefangene Dasein fängt sich nun, idealisierend gesprochen, auf besseren Wegen von neuem an. Wenn die paradoxe Redensart von einer »konservativen Revolution« einen Sinn haben soll, den wir bejahen können, weil er die dubiosen Konstruktionen, die im Deutschland der zwanziger Jahre unter diesem Titel zirkulierten, hinter sich gelassen hat, dann eben diesen: man muß radikal an der Vergegenwärtigung von Vergangenem festhalten, um eine Revolution im Vergangenen, das wir auf unbewußte Weise noch sind, als anderen Anfang möglich zu machen. Die Richtung dieser Revolution ist offenkundig: sie führt, wenn sie gelingt, vom Weltkrieg der namentlich gepanzerten Sekundärsubjektivität in die anonyme Innigkeit weltlöslicher Bewußtseine.

Meine Damen und Herren, Sie sehen, wenn man in Frankfurt am Main über Zurweltkommen reden will, verwickelt man sich in barocke Schwierigkeiten. Ganz anders ginge das in Frankfurt am Ganges zu. Dort steht die Diskussion über die Abfolge von Entbindungsapriori, Dringlichkeitsapriori, Initiativapriori usw. zwar auf einem niederen Niveau – um ehrlich zu sein, man führt sie nicht –, was aber nicht heißt, daß man dort keine Antwort hätte auf die Frage, was Sichanfangen sei. Der Erzähler unter den Bäumen am Fluß würde sich den Bart streichen – ein Erzähler ohne Bart wäre dort so undenkbar wie am Main ein Doktorand ohne kommunikative Kompetenz. Er würde zum Himmel aufschauen, dann zum Publikum blicken, erneut zum

Himmel und wieder zu den Zuhörern, und dann mit ernster Stimme erklären: »Sichanfangen, o ihr Getreuen, heißt Sichfangen.«

Die Verfahrensordnung meines Vortrags, meine Damen und Herren, ist durch diesen Seitenblick in die östliche Nebenwelt ein wenig aus dem Tritt gekommen. Die wichtigsten Kapitel im Gang unserer kleinen Welt- und Entbindungspoetik müssen ja erst aufgeschlagen werden. Aber mit dem Wichtigsten ist es eine seltsame Sache – denn die wichtigsten Dinge sind immer die, die entweder gar nicht warten können, und insofern haben wir sie im Abschnitt über die Dringlichkeiten schon abgehandelt, oder die, eben weil sie noch schwerer als schwerwiegend sind, bis auf weiteres zurückgestellt werden müssen. Daraus läßt sich für unsere kleine Weltpoetik ein viertes Element gewinnen: das Zurückstellungsapriori, das man auch das Prinzip Aufschub nennen könnte. Durch Zurückstellung entstehen Vorfelder zu den Hauptsachen, und solche Vorfelder lassen sich beleben, bewohnen und bewirtschaften. Man darf behaupten, daß Lebenskunst über weite Strecken sich auf die Kunst der Nebensachen bezieht, wie es auch Anhaltspunkte für die Vermutung gibt, daß ein gut Teil des wirklichen Lebens sich nicht auf dem Spielfeld, sondern im Seitenaus abspielt, nicht während des Hauptprogramms, sondern in der Pause. Auf dem Vorfeld herrscht der leichte Ton, die Nebenfiguren sind die Helden. Wie jeder sieht, spielt sich heute ein kultureller Ansturm ins Vorfeld ein, das Leben wird für echte Metropolitaner zum Zehnkampf im Leichtnehmen aller Disziplinen, die Schnelligkeit wird Poesie, die Souveränität zum Seelenbonbon für alle Lebensalter, mit achtzehn besitzt man den Führerschein und die Fähigkeit auszuweichen, und seit es Kurse gibt, wo man lernt, mit allem besser umzugehen, kann man tatsächlich alles besser umgehen. Es lebe das Vorfeld – die ganze Postmoderne singt das Lob des Vorfeldprinzips, sie lebt von der Aufwertung und Vermehrung der Nebenschauplätze, sie hat gelehrt, Schluß zu machen mit den Haupt- und Staatsaktionen. Wir geben die Drehbücher zurück, in denen stand, wir sollten uns überanstrengen und Helden werden.

Offenbar findet das Zurückstellungsapriori erst im Zeichen der Postmoderne seine Apologeten. Wir machen mit dem Nichternstmachen ernst und erheben den Aufschub zum Prinzip, die neue Skepsis lobt die kleinen Unterschiede, die kleinen Schriftsteller schreiben die Vorfeldunterschiede groß, dagegen sind die früheren Lobredner des Mittelmaßes bloße Rentner – wir sind inzwischen Apokalyptiker der Mediokrität. Seit das Vorfeld sich absolut gesetzt hat, sind die beliebigen Nebensachen zum *hen kai panta* geworden, und da hier alles nur noch eins ist, nämlich anders als alles übrige, so wird mein kleiner Unterschied zur Weltachse. Jetzt kann man wieder sein Bestes geben für nichts, wir verstehen, die schnellen Jungen, die seinerzeit bei der SS landeten, hatten nur geschichtliches Pech, heute wären sie die Besten *in research of excellence*, denn sie hatten schon damals das reine Nach-Vorn perfekt drauf, der Unterschied ist nur, wir machen's jetzt auch ohne Leichen. Lockere Spitzenleistung ist

Mindesteinsatz. Das ist der Zeitgeist, der für Tempo sorgt. Die Auswechselspieler werden zu Starmachern, die Nullen ernennen die Mitnullen zur Eins, die digitale Demokratie ist da. Weil die Zurückstellung funktioniert, hat die Welt ein rosiges Aussehen zurückerhalten, und wenn wir zu einer Welt gekommen sind, die aussieht wie die uns bekannte, entlastet katastrophal und apokalyptisch gemütlich – die Menschheit taumelt am Abgrund, aber die Putzfrau kommt zweimal die Woche –, so sind die Macht des Aufschubs und die weltbildende Geste der Zurückstellung von Wichtigerem dafür mitverantwortlich. Dem Aufschub ist es zu verdanken, daß im tausendjährigen Reich der netten Leute die Tonarten der Lebbarkeit vorherrschend geworden sind. Sein Werk ist es, wenn die Leichtlebigkeitspoetik sich gegen die Auf-Tod-und-Leben-Drehbücher mit größtem Erfolg behaupten kann. Das epische Theater ist von den Volksbühnen herunter und von Suhrkamp abgesprungen, die Lindenstraße ist überall, die Entfatalisierung hat breite Kreise erfaßt, die tragischen Inhalte sind vom Tisch, denn in der Wahl zwischen Gehalt und Gewalt ist die Entscheidung, wie sichs gehört, zugunsten der Gewaltlosigkeit gefallen, die Gehaltlosigkeit ergibt sich damit von selbst. Die Leichtrealität ist damit zufrieden, ein mittelmäßiges Prosastück zu sein, in dem Innenräume überflüssig und Heldentümer komisch geworden sind. Wenn einer mir sagt, ich fände mich in meinem Innern, so antworte ich, er soll sich eine Freundin suchen.

Meine Damen und Herren, Sie wundern sich vielleicht über den Gegensatz zwischen meiner Ankündigung und der Ausführung. Es sollte nun das wichtigste Kapitel in den heutigen Ausführungen beginnen, und was folgte, war ein Feuilleton über die *take-it-easy*-Kultur und über wendiges Leben in modernen Mittellagen. Wie läßt sich das erklären? Ich verliere keine Zeit mit der Behauptung, daß nichts wichtiger sein könne als Arbeit an Lebenserleichterungen. Ich denke nicht so, auch wenn ich glaube, zu wissen, wo die sozialliberale Glücksphilosophie am Platz ist. Ich meine jedoch, daß ein gewisses Maß an durchschnittlicher Lebenserleichterung eine Voraussetzung für das folgende Phänomen ist, von dem ich in der Tat behaupte, daß es die entscheidende weltbildende Funktion in der Reihe der bisher genannten darstellt. Wenn das Zurückstellungsapriori seine Wirkungen ausgespielt hat, kommt das fünfte Element in unserer Weltpoetik zum Tragen. Ich nenne es das Bühnenapriori – oder alternativ: das Schauplatz- oder Arenaapriori. Was Bühnen sind, das kennen wir von den Prototypen des griechischen und römischen Theaters her. Das Phänomen Schauplatz ist durch Volksversammlungen bekannt, durch Massenaufläufe, Jahrmärkte, Unfallstellen, Schlachtorte und Hinrichtungsstätten. Und von Arenen, den Opferstellen aus Sand und Blut, geben uns Stierkampfplätze, Collosseen, Kultstätten und Sportstadien einen Begriff (wir sollten erwägen, ob nicht auch die Kreißsäle in den Entbindungskliniken in diese Reihe gehören).

Auf Bühnen, Schauplätzen und Arenen werden die symbolischen Welteröffnungsakte vollzogen, von denen Menschen die Empfindung haben, daß es in ihnen wirklich um etwas geht. In diesen bühnen-, schauplatz-

und arenaapriorischen Feldern der Welt werden die Dinge wahrgenommen, die als Hauptsachen nach vorne kommen und die das Wagnis der plastischen Existenz im Raum der offenen Ausdrücklichkeit tragen. In der arenischen Welt wird die Differenz zwischen Verborgenheit und Unverborgenheit belangvoll. Darum sind Hochkulturen Zivilisationen, die das Drama der Geburt und der Welterzeugung im symbolischen Nachvornekommen von höchstausdrücklichen Gebilden wiederholen. Kulturen sind also nicht nur soziale »Systeme«, in denen Entbindungen stattfinden, wo Dringlichkeiten verarbeitet, Initiativen ergriffen und Vorfelder zur lockeren Pflege der zweitwichtigsten Dinge eingerichtet werden. Sie sind vor allem bühnenbauende Systeme. Als arenaschaffende Prozesse sind sie sich selbst dramatisierende Gebilde, deren Lebensnerv in ihrer Fähigkeit besteht, ihr eigenes Prozessieren in der Weltzeit in dramatischen Vergegenwärtigungen immer wieder nachzuspielen, um auf die Höhe ihrer eigenen Aktualität zu kommen. Wo in einer Kultur der Sinn für diese Funktion abstirbt, dort beginnt ihre Endzeit, in der die Privatleute ihre Höhlen nicht mehr verlassen. Denn die Erzeugung von Welten, in denen sich Menschen mit glaubwürdigen Motiven aufhalten können, ist selbst eine Funktion der Gesten, durch die Bühnen, Schauplätze und Arenen eröffnet und bevölkert werden. Wenn die Räume schrumpfen, in die man vortreten kann, um zu sagen oder zu zeigen, wie es aus der Sicht des Protagonisten um die Welt steht, dann gibt es auch bald keine Welt mehr, in die herauszukommen sich lohnt. Das Zurweltkommen von Menschen verweist von Anfang an auf die Bühnen- und Arenaeigenschaften der Welt als solcher. Wenn sich die Bühnen und die Arenen schließen, weil entweder die Schauspieler zu privatisieren beginnen oder die Mächtigen die Welt als Privathaushalt einrichten und nur noch ihre eigene geistlose Show zulassen, dann geht die Ära des Zurweltkommens überhaupt zu Ende. Eben das ist die Signatur unseres Zeitalters – es ist die Zeit der Resignation und der Show, die Zeit des offiziellen Privatismus und der intimen Apokalyptik. Wer heute noch groß herauskommen will, sucht das Spektakel im nicht mehr Offenen – bis die Höhle tobt.

Meine Damen und Herren, es gibt heute nicht, wie Jürgen Habermas, Neil Postman, Richard Sennett und andere in verschiedenen Tonarten gesagt haben, eine Krise des Öffentlichen – was es wirklich gibt, ist eine Krise des Zurweltkommens, eine Krise des Arenabewußtseins und des Glaubens daran, daß Menschen Wesen sind, die völlig zur Welt kommen können, um ganz von dieser Welt zu sein. Bühnenbau und Arenaeröffnung waren die elementaren Gesten von Kulturen, die ihr Talent bestätigen, sich in einem Kontinuum der Selbstentfaltung zu halten. Zurweltkommen und Herauskommen auf die Bühnen für die guten und notwendigen Stücke dieser Welt sind zwei Dinge, die sich nicht voneinander trennen lassen. Meine Damen und Herren, ich habe vorhin gesagt, daß das Apriori der Entbindung zur Anbindung der Weltankömmlinge ans Offene und Unberechenbare des Daseins führt. Aber diese Hingabe ans Offene kann sich für Erwachsene, falls es heute solche gibt, nur in der Weise vollziehen, daß sie in positiver Nachahmung, Fortführung und Analogisierung der Geburt an den Weltschöpfungen und Lebenseröffnungen teilnehmen, die auf sozialen Bühnen, Schauplätzen und Arenen ereignishaft aufgehen. Wir kommen nur zur Welt, wenn kein Hindernis uns davon abhalten kann, in dem Weltaufgang zu bleiben, der im Geburtsblitz begann.

Meine Damen und Herren, unter den fünf bisher genannten Gesten oder Funktionen *a priori* dieser Skizze einer kleinen Weltpoetik sind die geradzahligen ebenso zusammengehörig wie die ungeradzahligen. Die zweite und die vierte richten die Welt als Zweithöhle für geborene Wesen ein, sie bauen an dem sekundären Uterus, der das Wesen von Zivilisation ausmacht, sie stiften durch Sorge fürs Dringende und durch Abfangen von Frontspannungen eine Innenwelt, in der sichs mit Pflichten und Gewichten leben läßt. Sie sichern den Nachtschlaf und bringen Gleichmäßigkeit in die Tagesläufe. Sie schaffen die Versteifungen, die dem sozialen Gebäude Halt geben, und umhüllen die Bewußtseine mit dem Schoßgefühl von Zugehörigkeit und Identität; durch das Versprechen von Kontinuität und Erwartungssicherheit schirmen sie die Individuen vor der Panik ab, die beim Einbruch des Unerwarteten aufzuflackern pflegt.

Ganz anders die ungeradzahligen Apriori. Was das Bewußtsein des »Subjekts« von seiner Befindlichkeit in der Entbindung angeht, so geben über seinen realen Inhalt nur psychoseanaloge Zustände abgründige Auskunft. Bei der Vergegenwärtigung von perinataler Erfahrung handelt es sich stets um Ausnahmezustände der Psyche, auch wenn es nicht notwendig ist, dergleichen von vornherein in psychiatrischen Ausdrükken zu charakterisieren. In den Berichten von Eingeschlossenen und Geretteten taucht fast regelmäßig das geburtsmimetische Element auf, das auch in den meisten archaischen Initiationsritualen seinen Platz hat – bekanntlich schrecken manche dieser Prozeduren nicht davor zurück, die Initianden in einen todesnahen Zustand zu führen, von dem her die Rückkehr ins wache Dasein evident als Wiedergeburt wahrgenommen wird. Diese galt in älteren Kulturen als Bedingung für lebendige Erwachsenheit, die nur durch Abschied von der Kindertraumzeit zu erreichen ist – das heißt durch Austritt aus der Geburts- und Todesvergessenheit, die in der Moderne den Normalzustand auch bei Erwachsenen darstellt. Doch wer kein Baron Münchhausen ist und reale Elemente seiner Geburt bei sich selbst wiedererlebt, der kommt am Ende auch heute noch zur Welt, aber es vergeht ihm über seinen Eindrücken Hören, Sehen und Reden.

Das Gegenteil hiervon gilt vom dritten, dem Initiativapriori. Denn sobald es Menschen gelingt, an einen Selbstanfang zu kommen, wo sie sich setzen, entwerfen, übernehmen, so sind sie an einem Kraftpunkt von Aktion und Äußerung. Durch Initiativität öffnen sich beim Subjekt die expressiven Schleusen, und dann »drückt« es sich nicht nur »aus«, wie eine naive Psychologie und eine noch naivere Semiotik meinen, sondern es wird zum lebenden Zeichen seiner Selbstzündung, es lebt dann in der Entflammung zur Aktivität, die Bewegung und Äußerung *ist*. Von hier aus kommen uns die Rätsel der Modernität in den Blick, mit ihren nicht mehr verkennbaren Paradoxien: eine Zivilisation mit überwältigenden Initiativleidenschaften muß eine so starke Aufbruchsdynamik entwickeln, daß diese von ihren eigenen Stabilisierungskräften nicht mehr verarbeitet werden kann. Der moderne Höhlenbau kommt mit den Sprengungen der Höhle nicht mehr mit. So entwickelt sich ein paradoxer Initiativzwang gerade bei den konservativen Schichten. Die Bewahrungskräfte werden revolutionär, die Träger des Interesses daran, daß sich im ganzen nichts ändert, stellen das Ganze auf den Kopf; der Konservatismus stürzt sich ins reine Nach-Vorn und sucht die absurde Synthese aus Wertbewahrung und totaler Mobilmachung des Bestehenden. Es gibt keinen Zweifel daran, daß hierin das kinetische Geheimnis der Neuzeit verborgen liegt – das Geheimnis der Mobilmachung im Höhleninnern, um die Höhle nicht verlassen zu müssen. Aus konservativen Beweggründen und immobilen Ängsten haben die mächtigsten Agenten des sogenannten Bestehenden die Flucht nach vorn angetreten und die ausgehöhlten Weltbestände in etwas permanent Zerplatzendes und Zerfallendes verwandelt – die Verwirklichung neokonservativer Werte und die Vermüllung des Planeten sind zwei Ausdrücke für ein und denselben Sachverhalt.

Meine Damen und Herren, die fünfte Funktion schließlich, das Bühnenapriori, ist unter den bisher genannten die im Weltbildungsprozeß wichtigste und anspruchsvollste. Um sie zu kennzeichnen, ist ausnahmsweise ein Rilkescher Superlativ vom Partizip

auch in der Prosa erlaubt: wenn Entbindung schlechthin eröffnend ist, und Initiative eröffnender, so ist das
Sichaussetzen in das, was dadurch Bühne wird, das
Eröffnendste.

Für Schriftsteller und Redner mit Arenaqualitäten
heißt das: sie äußern etwas, was auf die Welt als
integrales Ereignis aufmerksam macht. Indem sie Wörter vorlegen, beginnt das Vorliegen einer Welt insgesamt fühlbar zu werden. Sie vergegenwärtigen den
Tausch, der die Ökonomie des Lebens begründet: vor
aller Augen tauschen sie den Nachteil, geboren zu sein,
gegen den Vorteil zu sprechen um. Sie kommen in der
Sprache zur Welt, sie kommen in die Sprache wie
Besucher vom Stern der Ungeborenen, sie versetzen
das Weiße um die gedruckten Buchstaben herum in
Schwingung, und unter ihren Schriftzügen verwandelt
sich der absolute Nachteil in den euphorischsten aller
Vorteile. Sie erklagen sich eine Welt, die nach Menschen klingt. Was man Kommunikation nennt, ergibt
sich für sie, die Dichter, die Schriftsteller, erst dadurch,
daß sie den unteilbaren Nachteil, geboren zu sein, aufs
Spiel setzen und mit anderen teilen. Darum schwingt in
den Worten der Dichter eine bodhisattvische Qualität.
Wer im Freien spricht, der teilt das unumkehrbare
Geborensein der Anderen, und wie über Hermann
Hesses magischem Theater im *Steppenwolf* die Warntafel stand »Nur für Verrückte«, so steht bei den Sätzen
der Dichter immer ein unmerkliches: »Nur für Geborene.« Wer verrückt genug war, zur Welt zu kommen,
sollte irgendwann begreifen, daß er reif ist für die
Entbindung durch Poesie. Poesie ist die Weltreligion

ohne Aberglauben. Bevor Menschen sich nicht ihres poetischen Weltvertrags bewußt werden, solange sie nicht die poetische Teilung des Unteilbaren erreichen, solange wird es vergeblich sein, sie an rechtsförmige Gesellschaftsverträge binden zu wollen. Die individuelle Geburtswut, die privaten Verzweiflungen und Rettungsphantasmen, die kollektive Flucht in die Prahlereien mit Gruppen- und Nationalidentitäten werden immer stärker sein als der Appell an die Selbstmäßigung durch diskursive Vernunft. Stets werden die Unentbundenen sich an ihre Vorstellungen, die die Welt bedeuten, klammern. Die Selbstaffirmationen der Unentbundenen werden die Budgets für jede Art von subjektiver und objektiver Rüstung in erster, zweiter, dritter Lesung bis zum selbstgemachten jüngsten Tag bewilligen. Die Unentbundenen, sie lesen ja nicht in den Texten der Entbinder – wozu auch, wenn es Schreiber gibt, die den Bindungsbedarf Unentbundener bedienen und den Individualitätsfiktionen Nichtindividuierter schmeicheln. Was Adorno und Horkheimer einst Kulturindustrie nannten, läßt sich nun auch als Bindungsindustrie bestimmen und, da wir im Zeitalter der reflexiven Funktionen leben, als Selbstbindungsindustrie.

Meine Damen und Herren, ich komme zum Schluß. Aber ich kann nicht aufhören, ohne auf den Sokrates-Syllogismus zurückzukommen, den heute zu kommentieren ich beim letzten Mal versprach. Alle Menschen sind sterblich. Sokrates ist ein Mensch. Also – ist Sokrates sterblich. Das Schulbeispiel für den Modus Barbara ist noch immer tödlich wie in den antiken Logiklehrbüchern. Nun hatte ich damit angefangen, diese einfachste logische Schlußfigur in einer geringfügig abgewandelten Form vorzutragen, von der alles vorhanden war bis auf das letzte Wort, das Prädikat der Conclusio. Alle Menschen sind geboren, Sokrates ist ein geborener Geburtshelfer, also ist Sokrates – an dieser Stelle kamen uns die Pfingstferien in die Quere. Meine Damen und Herren, manchmal kann es von Vorteil sein, vierzehn Tage auf ein Wort zu warten, vor allem, wenn es um einen ungewöhnlichen Ausdruck geht, der im Wortschatz des Alltags und in der philosophischen Terminologie noch keinen Platz hat. Gründliche Überlegung ist am Platz, wenn ein Wort gefunden werden soll, das lange halten muß. Immerhin hat das gesuchte Wort den Anspruch, einen Ausdruck in dem Syllogismus zu ersetzen, in dem die Menschen seit Jahrtausenden Sterbliche sind. Meine Damen und Herren, man muß sich vergegenwärtigen, was es heißt, daß das Wörtchen sterblich dreitausend Jahre Zeit gehabt hat, um zu seiner vollen Bedeutung heranzuwachsen, die jetzt über der ganzen menschlichen Gattung schwebt. Vor nicht langer Zeit hat uns Günther Anders, der zornige alte Mann der politischen Anthropologie, gezeigt, wie die Gattung der Sterblichen im Ausgang des europäischen Zeitalters sich als die sterbliche Gattung erwiesen hat. Die Menschheit ist heute eine holozidfähige Einheit, sie hat ihr Talent zum Aussterben und ihre Fähigkeit zum Gesamtselbstmord ein für allemal unter Beweis gestellt. Dieser Gedanke hat etwas Unauslöschliches, man müßte denen, die vorgeben, heute über die Lage der Menschheit nachzudenken, nahelegen, sich einen Totenkopffalter auf die Stirn zu tätowieren.

Also was ist Sokrates, wenn er noch etwas anderes ist als ein Sterblicher, der die Hebamme spielte? Nun, Sokrates ist ein Geburtlicher. Ich hatte den Allsatz aufgestellt, daß alle Menschen geboren sind. Brächte unser Syllogismus nur eine Übertragung des Prädikats vom Allsatz zum Schlußsatz zuwege, in dem der Eigenname Sokrates auftaucht, so hätten wir nicht mehr gewonnen als die These, daß auch Sokrates geboren ist. Wir hätten dann, wie das in der Logik meistens geht, das Besondere am Träger des Eigennamens weggedacht, wir hätten Sokrates der Menge aller geborenen sterblichen Menschen zugeschlagen und den Blitz der Differenz verschwinden lassen, der Sokrates zu dem machte, was er war. Darum hieß es vorsorglich schon in dem Untersatz: Sokrates ist ein geborener Geburtshelfer. So ist Sokrates durch seine kleine große Differenz zu einer Sondermenge in der Menge der geborenen Sterblichen geworden – er ist verwandelt vom Sterblichen in den unsterblichen Geburtshelfer der europäischen Utopie, des griechischen Negativitätsgedankens, er hat sich zur Hebamme eines Nichtwissens ausgebildet, die das Wissen von seiner Verfallenheit an Weltpositionen entbindet. Und dadurch kommt in den Syllogismus eine unerwartete Bewegung. Vom Untersatz strahlt ein Licht in den Allsatz zurück, das Wort geboren bekommt selbst einen Bauch, als sei es mit einer bisher nie offengelegten Bedeutung schwanger. Tatsächlich entbinden wir jetzt das Mutterwort von einem Wortkind, auf dem außerordentliche Erwartungen ruhen. Das Mutterwort atmet nach jahrtausendelanger Schwangerschaft auf, es hat sich endlich von einer Bedeutung getrennt und unterschieden, die es bis dahin unsichtbar mit sich schleppte, um endlose Mißverständnisse zu kreieren; denken Sie nur an die Peinlichkeiten, die für jeden Intellektuellen mit dem Begriff Natur verbunden sind. Das neue Geburtliche seinerseits kann neben dem alten Geborenen ein selbständiges Leben beginnen, zwar familienbewußt, doch nicht mehr vom Mutterwort verborgen gehalten. Seit das Wort Geburtlichkeit nicht mehr verborgen ist, wird überhaupt erst klar, was Unverborgenheit als solche bedeutet: der Wahrheitsbegriff selbst ist nach zweieinhalbtausend Jahren europäischer Philosophie im Widerschein des Wortes Geburtlichkeit seiner Klärung nahegekommen. Von dem Augenblick an, in dem Menschen verstehen, daß sie nicht nur Geborene sind, sondern auch Geburtliche, können sie begreifen, daß Wahrheit eine Funktion ihres Zurweltkommens ist und daß mit der metaphysischen Fixierung des Blicks auf die Sterblichkeit das erste Falsche in die Welt kam.

Meine Damen und Herren, das Wort geburtlich ist noch wacklig auf den Beinen, es klingt künstlich und unselbständig, man wird sich gut um es kümmern müssen. Die Urheberschaft an dem Wort ist meines Wissens dem Schweizer Philosophen Hans Saner zuzusprechen: Es findet sich zuerst in dem kleinen, wichtigen Buch *Geburt und Phantasie. Von der natürlichen Dissidenz des Kindes* – dort wird das Wort Geburtlichkeit auf grundbegrifflicher Höhe exponiert. Das Buch erschien übrigens in den siebziger Jahren, es gibt von ihm bis heute keine Rezension, denn in der Philosophenhöhle ist seither anderes auf der Tagesordnung, man redet über Normenbegründung, über Pluralitäten, man wirft sich auf die Theorie der Zeichen, die Zeichen der Zeit freilich ausgenommen, und bleibt auf der linguistischen *turn*-Stange hängen. Aber das macht wenig, denn der *poetic turn* der Philosophie ist unscheinbar schon in aller Gründlichkeit vollzogen. Hans Saner hat die Kategorie Geburtlichkeit in die Welt gesetzt und damit ein neues Kapitel des Philosophierens aufgeblättert, das im Zeichen des Kindes, des Zurweltkommens und des poetischen Geistes stehen wird. Der kleine Wortlöwe fand bisher nur wenige Liebhaber. Ich glaube aber, meine Damen und Herren, wir werden gut daran tun, zu diesem Löwen in die Grube zu steigen, solange er noch jung ist, denn es besteht Aussicht, daß ihm Krallen wachsen – dann wird Geburtlichkeit an Bedeutung der Sterblichkeit in keiner Hinsicht nachstehen.

Mir bleibt im Augenblick nichts mehr hinzuzufügen außer einer Entschuldigung dafür, daß die heutige Stunde über Gebühr lange ausfallen mußte. Worum es in der folgenden und letzten Vorlesung gehen wird, meine Damen und Herren, habe ich schon angedeutet. Von der heutigen Poetik der Entbindung aus ist der Übergang zum Thema Weltliteratur nicht allzu sprunghaft. Im Ausdruck Weltliteratur steckt, wie zu zeigen sein wird, noch ein anderer Sinn als der, den Goethe mit seiner Wortschöpfung verband. Von Weltliteratur reden, kann jetzt auch heißen, die Anfänge entwickeln zu einer kritischen Theorie der Welt als Poesie und Versprechen.

5. Das Weltversprechen und die Weltliteratur

Meine Damen und Herren, eine Stunde vor dem Ende einer Vorlesungsreihe lebt es sich unbehaglich mit dem Gefühl, mit dem Wesentlichen noch nicht begonnen zu haben. Alles bisher zu Hörende war doch nicht mehr als Vorbereitung für etwas Wichtigeres. Von dem habe ich noch nicht einmal angefangen zu sprechen. Ich nähere mich dem, was nun zu sagen ist, nur mit großem Zögern. Der Eindruck läßt sich schwer verdrängen, daß das, was uns jetzt bevorsteht, ein Wettreden mit der ablaufenden Zeit zu werden droht. Doch auch wenn der Sprecher unter Druck steht, bleibt das bisher Ungesagte etwas, was sich gegen das Schnellsagen sperrt. Vier Stunden habe ich damit zugebracht, einige Voraussetzungen zu vergegenwärtigen, um mich ins Vorzimmer der entscheidenden Angelegenheit durchzukämpfen. Doch das Wichtigste, diese graue Eminenz, die nicht einmal einen Namen trägt, hat offensichtlich noch nicht bitten lassen. So hocken wir vor dem Eingang zum Audienzzimmer des Wesentlichen, das zu sagen wäre, und warten ab.

Meine Damen und Herren, um mit der Wartezeit etwas anzufangen, schlage ich vor, dorthin zurückzukehren, wo wir am Ende der letzten Stunde stehengeblieben waren. Ich versprach Ihnen, heute die Anfänge einer kritischen Theorie der Welt als Poesie und Versprechen vorzutragen. Die letzte Vorlesung endete, wenn ich es richtig empfinde, auf einem etwas lyrischen Ton. Das Wort Welt hatte weiche Ränder bekommen, man hatte

Lust, es einmal nicht als Schimpfwort zu benutzen und es nicht im Tonfall von Scheißwetter auszusprechen. Die Ankündigung einer Theorie der Welt als Poesie und Versprechen klang so, als wollte ich ein wenig Glykol in den sauren Wein der Ontologie schütten, um ihn in Frankfurt als süddeutsches Qualitätserzeugnis verkaufen zu können. Welt als Poesie, Welt als Versprechen, das hört sich an, als sollte jetzt noch alles ganz positiv werden. Der Verdacht keimt auf, die bisherigen Reden über Nichtwissen und Entbindung wären Beschwichtigungen für den unversöhnlichen Geist der Negativität gewesen, und jetzt sei es soweit, daß der Autor die positive Katze aus dem Sack läßt. Ich würde einem solchen Verdacht nicht widersprechen, sondern darum bitten, beim folgenden Gedankengang dabeizubleiben.

Meine Damen und Herren, als ich in der letzten Stunde mit dem Vortrag einer kleinen Weltpoetik aus Grundgesten begann, hat sich ein Spiel aus positiven und negativen Zügen in der Anstrengung des Zurweltkommens ergeben. Wir hatten drei sozusagen schräge, eröffnende, vorstoßende, destabilisierende Züge charakterisiert und zwei gerade, erschließende, einrichtende, stabilisierende. Wenn Sie sich erinnern: durch Entbindungsgesten, durch Initiativgesten und durch bühnenschaffende Gesten werden wir ins Offene gebracht, dem Neuen zugewendet und von der dramatischen, ereignishaften Qualität der Existenz umgriffen. Dagegen haben die Gesten der Sorge fürs Dringendste und die Erleichterungsgesten, mit denen man das zu Schwere zurückstellt, einen welteinrichtenden, weltbefestigenden Sinn, durch sie kommt ein wenig Höhlengemütlichkeit unter Geborenen auf, ebenso wie ein Schein von Freiheit; man entschädigt sich für den Verlust des Erstuterus durch den Aufbau von sozialen, symbolischen und technischen Zweitmutterschößen, man läßt den archaisch kalten Hinauswurf nicht auf sich sitzen, sondern bringt sich in die Familiarität mit neuen Wärmezellen ein.

Die ungeraden apriorischen Gesten beginnen mit der Erschließung der Welt als Gesamtabenteuer, sie lassen das Dasein zum Exodus und zum *experimentum mundi* werden, um an die schönen Leitwörter Ernst Blochs zu erinnern; die geradzahligen Apriorigesten hingegen leisten ihren Beitrag zur Erzeugung der Welt als Wohnort und Arbeitsplatz, sie schaffen die institutionellen Versteifungen und wollen, als die Gesten eines ewigen Konservatismus, dafür sorgen, den Wohnort Erde durch Mieterschutzmaßnahmen zu sichern und den Arbeitsplatz Welt bis auf weiteres zu erhalten. Diese letzte Beobachtung ist nicht ohne Pikanterie, weil wir durch den Marxismus wie durch die liberalen Ingenieursphilosophien eingebläut bekommen haben, Arbeit sei eine Abenteuerkategorie mit Exodusqualitäten – aber das Gegenteil ist wahr, sofern Arbeit immer Stabilisierungsarbeit ist, das heißt Innenarchitektur in einem Weltraum, der durch andere Gesten eröffnet wurde. Deswegen kann durch Arbeit gerade keine Öffnung oder Veränderung des bisherigen Designs der Welt erreicht werden, sie erzeugt allenfalls totalen Hochbetrieb im Höhleninnern, so wie wir es heute im Zeichen der neokonservativen Mobilmachungen weltweit erleben. Die Weltformel des dynamischen Neokonservatismus lautet ja: Unbewußtheit plus Höchstgeschwindigkeit, oder: Immobilismus – der Explosion entgegen.

Meine Damen und Herren, nun ist der Augenblick da zu fragen, ob die bisher genannten Gesten, die welterschließenden wie die welterhaltenden, wirklich schon ausreichen, um uns genau zu der Welt zu bringen, zu der wir aktuell gekommen sind. Sehen wir uns um: Wie bringen einige hundert Personen es fertig, in diesem Hörsaal – oder vor diesem Bildschirm, der vor Ihnen steht – anwesend zu sein? Wie ist es ihnen gelungen, sich auf eine Sprache zu einigen, in der Poetikvorlesungen gehalten werden? Welche Voraussetzungen mußten geschaffen worden sein, damit eine Rede wie die gegenwärtige artikuliert und aufgenommen werden kann? Ganz offensichtlich geben die bisher genannten Ermöglichungsgrößen hierauf nur eine Teilantwort. Natürlich säße hier keine und keiner, wenn er oder sie nicht entbindungsapriorisch die Möglichkeit eröffnet hätte, hier auf vier, fünf oder sieben Buchstaben zu sitzen (das deutsche Hinterteilvokabular bietet so viele Möglichkeiten); auch der Vortragende wäre ohne die Vorarbeit des Klapperstorchs heuer nicht der Poetikplappermann vom Dienst. Offenbar liefert diese Überlegung ein Beispiel für das, was man notwendige, aber nicht zureichende Bedingungen nennt. Entbindungsapriori ja, aber mit ihm allein kommt man in keinen Frankfurter Hörsaal an einem bedeckten Juniabend des Jahres 1988 nach Christus. Zum Glück ist unser Bedingungsvorrat noch nicht aufgezehrt: Es mußten auch gewisse Dringlichkeitsvoraussetzungen erfüllt sein, bevor es uns möglich wurde, unser In-der-Welt-Sein hier und jetzt als Sein-zum-Tode-in-Hörsaal-VI zu erleben; was mich angeht, so hat Siegfried Unseld mir dringend genug gesagt, daß ich es diesmal machen sollte; und auch Sie, meine Damen und Herren, müssen ein furchtbares Karma haben, sonst könnte keine Macht der Welt Sie dazu gezwungen haben, gerade hier und nirgend sonst zu sein; darüber hinaus mußten Initiativen ergriffen worden sein, und jeder Anwesende muß durch freie Selbstübernahme angesichts des Nichts es über sich gebracht haben, das Motiv zu wählen, das ihn an seinen Sitz- oder Stehplatz brachte. Ferner mußte zurückstellungsapriorisch die Bedingung erfüllt gewesen sein, daß diese Veranstaltung keine Angelegenheit auf Leben und Tod, kein überschweres Pensum, keinen Fall von ersten oder letzten Dingen darstellt, sondern verspricht, eine Nebensache im Vorfeldbetrieb zu sein, ohne straffen Ergebniszwang, mit offenen Saalausgängen und mit der Streifenkarte oder dem Zündschlüssel für die Heimfahrt in der Tasche. Was schließlich das Arenaapriori betrifft, so haben die Veranstalter dankenswerter Weise die Bühne gebaut und das Mikrophon eingestellt (mit dem technischen Charme der fünfziger Jahre), so daß es nur noch beim Vortragenden liegt, nach vorne zu gehen und für die Unterhaltung aufzukommen. Bis hierher ist die Bedingungskette für die Ermöglichungen *a priori* zum Sein-im-Hörsaal lückenlos. Aber selbstverständlich fehlt in dieser Kette immer noch das entscheidende Moment, ohne das die übrigen Ermöglichungen hohl bleiben, es fehlt das, was ich jetzt, wieder mit Zögern, die Sprache nenne. Ich zögere deswegen vor diesem Wort, weil nach einem Jahrhundert Sprachphilosophie und Linguistik das Wesen der Sprache bis zur Unkenntlichkeit entstellt ist; ich habe auch Scheu, es in den Mund zu nehmen, weil ich Angst habe auszusprechen, was über den Zustand der Sprache bei den heutigen Sprechern des Deutschen gesagt werden müßte.

Meine Damen und Herren, nun sieht es so aus, als sollten wir doch zu dem vorhin so genannten Wesentlichen kommen. Eine bisher verschwiegene Bedingung unseres Zurweltkommens ist offenkundig die Sprache – um das Phänomen zunächst in falscher Allgemeinheit zu benennen. Wir müßten folglich in unserer kleinen Weltpoetik eine weitere Funktion anhängen und als sechstes Element ein Sprach- oder Redeapriori einfügen. Von da aus könnte es den Anschein haben, daß der Kreis der Bedingungen schlechthin für das jetzt geschehende Reden an dieser Weltstelle geschlossen sei. Es könnte scheinen, als seien dann alle Voraussetzungen der Welterzeugung erfüllt und die große Bewegung des Lebens zur realen und anwesenden Szene hin, die durch Entbindungen eröffnet wurde, fände nun ihre Erfüllung mit der Ankunft beim Wort, mit der Herauskunft der Sprache. Aber, meine Damen und Herren, es wird sich sofort zeigen, daß man die Sprache in die Weltpoetik so nicht einführen kann. So billig ist das Wesentliche – ich wiederhole den verdächtigen Ausdruck – nicht zu erzwingen. Ich werde im folgenden Gründe entwickeln, warum es ein Sprachapriori in dem erwähnten Sinn nicht gibt und warum die übliche Rede von einem Apriori der Kommunikationsgemeinschaft irreführend und haltlos ist.

Hierzu muß ich einen Schritt zurück tun und daran erinnern, was uns in dem Wechselspiel der welterzeugenden Gesten noch gefehlt hatte. Ich hatte zu zeigen versucht, daß man mit dem Apriori der Bühneneröffnung formal gerade bis an den Punkt kommen kann, wo sich der Akteur der Stunde auf die Spielfläche hinauswagt. Von dieser Stelle an ließ uns die Bedingungskette im Stich, wir standen sprachlos herum, mit ein wenig Entbindung im Rücken, von Dringlichkeiten bewegt, beflügelt durch ein gewisses Maß an Willen zur Initiative, entlastet durch Zurückstellung wichtigerer Dinge und leicht tonisiert durch den Aufbau der Vorlesungsbühne – und traten dann ratlos von einem Bein aufs andere, weil sich erkennen ließ, daß man mit dem Bisherigen allein noch nicht zum wesentlichen Geschäft kommt, nämlich zum Sagen dessen, wozu die Bühne da ist – sofern man der Meinung sei, daß Aufderbühnesein verpflichtet. Was soll nun weiter geschehen? Wenn es nach den offiziellen Kommunikationsphilosophen ginge, dann würde sich jetzt folgendes ereignen. Ich glaube, meine Damen und Herren, Sie können sich ohne Mühe einen Schauspieler vorstellen, der auf die Bühne träte und das Publikum mit nachstehender Eröffnung konfrontierte: Verehrte Anwesende, der Autor läßt Ihnen mitteilen, daß Sie bis auf weiteres selber miteinander reden sollen, weil Sprache bekanntlich eine Brücke zwischen Menschen baut. Ferner gibt der Autor Ihnen bekannt, daß von seiner Seite her nichts weiter zu sagen ist, da man erst die

Ergebnisse der Kommunikationsforschung abwarten muß. Die Vorstellung ist hiermit beendet, wir bitten das hochgeschätzte Publikum, sich von den Plätzen zu erheben, geräuschlos den Saal zu räumen und nach dem Verlassen des Gebäudes mit Sprechakten freier Wahl zu beginnen, wobei, sofern die Umstände es erlauben, im Vorgriff auf bessere Zeiten die Symmetrie der Wortergreifungschancen unter den Gesprächspartnern zu beachten wäre. Vielen Dank und auf Wiedersehen! Meine Damen und Herren, ich wette, in diesem Theater sähe man das Publikum nicht wieder. Und genausowenig, wie man bereit sein wird, sich einen Schauspieler gefallen zu lassen, der seinem Publikum Eröffnungen von der genannten Art unterbreitet, sowenig wird man auch mit einer Kommunikationstheorie zufrieden sein, die uns mit dem Hinweis abfinden will, daß man unter sprachphilosophischer Aufsicht miteinander sprechen muß, um zu einer gemeinsam verabredeten Welt zu kommen. Verstehen wir uns recht: Tatsächlich muß man miteinander reden, und in der Tat müßten unter gemeinsamen Himmeln jetzt Wunder geschehen an sprachlicher Zuwendung zu anderen und gleichfalls Wunder an Zuhören auf ihre Gegenreden, wenn die Menschheit nicht in selbstmörderischer Sprachunfähigkeit enden soll. Aber wo könnte dieses welterzeugende und welterhaltende Gespräch stattfinden? Auf welchen Pfingstversammlungen soll die gemeinsame Sprache über uns kommen? An welchen Schulen, auf welchen Seminaren wird die brückenbauende Sprache gelernt, die uns vom unsäglichen Eigenen entbindet und zum Teilbaren und Öffentlichen befreit?

Meine Damen und Herren, das sind rhetorische Fragen, weil ich weiß, daß der wesentliche Sprachprozeß ohnehin auf anderen Wegen fortgeht als über Schulen und Seminare. Mir ist bewußt, daß Sprechen anders gelernt wird: erstens im Klima der Berührung und der Konfrontation, weil die Sätze, in denen es um etwas geht, im Duell und in der Freundschaft gesprochen werden; zweitens unter dem Anprall von Situationen, die das zu Sagende neu hervorrufen, und drittens in gewissem Sinne autodidaktisch, im Alleinsein mit den Klassikern, mit den großen Lebendigen und Beweglichen, die vor uns Welteröffnungen geschaffen haben. Man kann die Sprache mit Holzkohle vergleichen, denn diese brennt nur, weil sie schon gebrannt hat, aber um etwas anderes zu sein als kalte Kohle, muß sie ständig von neuem entzündet werden.

Kurzum, meine Damen und Herren, ich denke, wir können die Aufgabe nicht umgehen, die Stellung der Sprache in der Weltpoetik neu zu bestimmen. Ich hatte eingangs versprochen, heute ein paar einführende Bemerkungen über eine kritische Theorie der Welt als Poesie und Versprechen auszuführen, und hatte die Zuhörer gebeten, den Glykolverdacht für eine Weile zurückzustellen, womit auch der Romantikverdacht gemeint ist, der immer aufkommt, wenn die Wörter auf ungerechtfertigte Weise schöner werden als das, wovon sie reden. Tatsächlich klingt es auf eine suspekte Art schön, wenn behauptet wird, die Welt habe ontologisch die Struktur eines umfassenden Gedichts – wobei zu bedenken wäre, daß es selbstverständlich auch elende Gedichte gibt. Zudem sind romantische und religiöse

Untertöne nicht zu überhören, wenn die Behauptung auftritt, die Welt sei uns präzise in der Art und Weise gegeben, wie Versprechen gegeben sind – als Titel auf Erwartungen, deren Erfüllung in einer ungewissen Zukunft liegt. Wir müssen nun versuchen, an dem verdächtig schönen Klang dieser Formulierungen vorbei den buchstäblichen Gehalt der Redeweise von der Welt als Poesie und Versprechen zu ermitteln.

Um mit diesem Vorhaben voranzukommen, möchte ich das Zursprachekommen, das in unserem weltpoetischen Gedankengang nach wie vor fehlt, mit dem Phänomen Entbindung verknüpfen, mit dem die Reihe der welterzeugenden Gesten beginnt. Mütter, haben wir gehört, werden entbunden, Kinder kommen zur Welt. Wenn Zurweltkommen für uns immer auch Zursprachekommen bedeutet, so drückt dies aus, daß wir als Weltankömmlinge uns zunächst alternativlos an eine Sprachwelt binden, in der das Gewicht der Welt auf jeden neuen Sprecher drückt. Wer auf eine Bühne geht, um das Seine zu sagen, bewegt in seiner Rede die Sorgenmasse eines konkreten Lebens. Zwischen einem, der spricht, und einem, der hört, werden stets Verhältnisse im Gewicht der Welt geklärt und verschoben. Um über das Wesentliche, das ich Sprache nenne, zu sprechen, müssen wir also eine weitere welteröffnende Funktion einführen, durch die wir als Angehörige einer Gemeinschaft von Trägern des Weltgewichts miteinander verbunden sind: ich bezeichne sie als das Weitergabeapriori. Aber indem wir uns illusionslos in diese Funktion der Sprache vertiefen, tut sich eine letzte welteröffnende Geste auf, die uns bis in die

Atemzüge dieses Augenblicks bringt – ich nenne sie das Apriori des Freispruchs oder des Versprechens. Die Tatsache, daß hier und jetzt so gesprochen werden kann, wie es geschieht, verdankt sich einerseits dem sechsten Element unserer Weltpoetik, das dem Sprachgeschehen vom Weitergabeapriori her nachgeht, andererseits der siebenten weltpoetischen Funktion, die ich das Apriori des Versprechens nenne, und in der der Geist der Entbindung mit dem Atem des Freispruchs zusammenweht. Wenn es gelingt zu sagen, was es mit der Sprache als Freispruch auf sich hat, so müßten wir in das atemberaubende Feld gelangen, in dem der Blitz der Geburt im nicht mehr dunkeln gelebten Augenblick einschlägt.

Ich füge hier die Bemerkung an, daß diese sieben welterzeugenden Gesten, meine Damen und Herren – Entbindung, Dringlichkeitsverarbeitung, Initiative, Zurückstellung, Bühneneröffnung, Sprachweitergabe und Freispruch –, das Minimum an Komplexität enthalten, das nötig ist, um ein luzides Verhältnis zwischen Bewußtseinen und Welten überhaupt zu artikulieren. Schon im leisesten Hauch der Nachdenklichkeit über die menschliche Lage im ganzen schwingen diese sieben Grundtöne bewußten Lebens mit.

Meine Damen und Herren, lassen Sie mich zuerst das Weitergabeapriori kommentieren. An ihm wird sofort deutlich, warum die meisten bekannten Sprachtheorien in der Regel nur Oberflächlichkeiten erfassen. Die Sprache, die uns auf dem Weg der unmittelbaren Weitergabe nahegegangen ist, ist immer schon die Sprache unserer politischen Geburtsgemeinschaft. Zu

Recht gibt es bei uns die Redewendung, man werde in eine Gesellschaft »hineingeboren«. Im Licht des Weitergabeaprioris gesehen, muß die menschliche Geburtlichkeit fast unvermeidlich zur Fixierung an eine Nationalität führen. Nationen haben ihren Namen freiwillig-unfreiwillig von dem Umstand her, daß sie Ordnungen von Natalitätsverhältnissen darstellen. In diesem Sinn müssen alle sozialen Verbände, seien sie politisch oder unpolitisch konstituiert, die auf dem Prinzip des Hineingeborenwerdens beruhen, als »Nationen« gelten – auch Stammeskulturen sind somit schon protonationale Gebilde, und selbst ein Weltstaat, dessen Mitgliedschaft man durch Hineingeborenwerden erwirbt, wäre noch eine *natio*. Es liegt eine anregende Freimütigkeit in der Tatsache, daß man in den westlichen Sprachen den Erwerb einer Staatsangehörigkeit in einer Gastnation als Naturalisierung bezeichnet. Nichts könnte klarer ausdrücken, daß der Nationalgast erst die Nationalnatur erwerben muß, bevor er als Bürger einer Nation anerkannt werden kann. Das verrät: Nationen, in diesem grundlegenden Sinn, fungieren als Systeme zur Enteignung der Geborenen von der Offenheit ihrer Geburtlichkeit. Sie sind gewissermaßen Sprachkolchosen, die wir bewirtschaften und die sich unser Mehrprodukt aneignen. Die Nation im sprachpolitischen Sinn arbeitet mit dem Hineingeborensein als naturpolitischer Funktion. Naturalisierungen sind dann nichts anderes als künstliche Natalisierungen im Raum einer Nationalität. Dieses Detail läßt uns darauf aufmerksam werden, daß die naturwüchsigen Sprachen, die von Gesellschaften gesprochen werden, die Naturformen politischer Natalität sind. Die sogenannten Kommunikationsgemeinschaften, die sich in einer gemeinsamen Sprache bewegen, bleiben aber durchweg und vorherrschend durch das Prinzip des Hineingeborenseins charakterisiert – Naturalisierung ist lediglich als Ausnahmefall vorgesehen. Hineingeborensein ist aber nur die krasseste Manifestation des totalen, wenn nicht totalitären Ausgeliefertseins von Menschen an die Macht der Weitergabegewalten. Wenn Leben und Sprache vor allem in Natalitätsgruppen weitergegeben wird – und es ist schwer auszumalen, wie es überhaupt anders sein könnte –, dann darf man von Menschen, die in Nationalsprachen hineingewachsen sind, zunächst nichts anderes erwarten als die Fähigkeit, ihre nationalen Sprachen in jeder Hinsicht zu sprechen: im Sinne nationaler Dringlichkeiten, im Sinne nationaler Initiativität, im Sinne nationaler Divertissements und im Sinne nationaler Bühnenpraxis. Die Nationalsprache ist folglich das Idiom, in dem die welterzeugenden Gesten der Zusammengeborenen insgesamt zuerst laut werden. Natürlicherweise ist die erste Sorge jeder Nation darum die Bindung der Hineingeborenen an die sogenannten Muttersprachen. Die Entbindung der Mütter als Anbindung der Kinder ans Schwerkraftfeld der Nationalwirklichkeit zieht folglich eine fundamentale Arabisierung, Brasilianisierung, Britannisierung, Japanisierung, Russifizierung, Sudanisierung usw. der Neugeborenen nach sich. Jedesmal sind die Kinder die Staatsgefangenen ihrer Nationen und Sprachgemeinschaften, denn sie gelten zu Recht als die Zukunft der Völker, und die Nationalsprachen sind

die Hexenküchen, in denen aus noch relativ sprachin-
differenten Weltankömmlingen die künftigen Stützen
der Gesellschaft erzeugt werden. Linguistisch gesehen,
führt das Entbindungsapriori zu einer Tätowierung
jedes neuen Lebens mit den Mustern der Nationalsprache, es macht die Menschen zu Drogenabhängigen
ihrer Muttersprachen, und in der bisherigen Mensch-
heitsgeschichte gelang erst wenigen eine Entziehungs-
kur von den muttersprachlichen vaterländischen Dro-
gen. Durch die linguistische Tätowierung der neuen
Generationen vollzieht sich das Weitergabegeschehen,
das die Altersgruppen der Gesellschaft zu einem natio-
nalgeschichtlichen Kontinuum verbindet. Meine Damen und Herren, ich spräche hier nicht Deutsch vor
deutschen Ohren, wenn dieser weltbildungsmächtige
Prozeß nicht auch für uns in Kraft geblieben wäre. Es
ist nicht einmal fünfzig Jahre her, da hätte unter
gewissen, durchaus vorstellbaren Umständen eine Ge-
neralrenaturalisierung der Deutschen zugunsten einer
östlichen oder westlichen Staatsbürgerschaft stattfinden können, dann sprächen wir jetzt vielleicht nicht
Amerikanisch als Zweitsprache, sondern Russisch als
Muttersprache. Aber durch bestimmende Umstände
blieben die Energien der Deutschweitergabe intakt.
Auch spräche ich nicht so, wie ich es tue, meine Damen
und Herren, wenn nicht Heine und Goethe, Nietzsche
und Brecht überlieferungsfähige deutsche Schriften
verfaßt hätten, die mich begeistert haben, und unsere
Zusammenkunft, meine Damen und Herren, könnte
schlechterdings nicht stattfinden, wenn nicht die Nationalsprache Deutsch, trotz der größten Gesellschaftska-

tastrophe, die die Geschichte sah, weitergabemächtig geblieben wäre. Es hat dazu ohne Zweifel vieler Zufälle und unterstützender Größen bedurft, und wir balancieren im Augenblick auf der Spitze des Zufalls. Was mich angeht, so spreche ich von einer sehr entlegenen Ecke dieser uns zufällig noch überlieferten Sprachwelt aus. Das Deutschlernen, das der Mehrzahl unserer Mitbürger zugestoßen ist, hat sie in ganz andere Regionen des Nationalsprachlebens geführt. An ihnen hat das Übergabeapriori derart gewirkt, daß sie das Dringlichkeitsdeutsch der Wirtschaftsleute zu sprechen haben. Bei ihnen wird das Initiativdeutsch der freien Unternehmer laut, die Sorge tragen um einen nationalen Spitzenplatz im planetarischen Mobilmachungswettlauf, sie sprechen das Ambitionsdeutsch der Zukunftsmacher und Habilitanden, das Besitzstandswahrungsdeutsch der Interessenverbände, das Projektgruppendeutsch der Vorwärtsblickenden, das Therapeuten- und Kolumnendeutsch der Wohlmeinenden und das Bonndeutsch der toten Seelen, die sich Sorgen ums nationale Ganze machen. Der Strom der nationalen Sorgen-, Miseren- und Gewaltenweitergabe treibt das Nachrichtendeutsch hervor und das Zeitgeistdeutsch, das Ausschußdeutsch und das Mediendeutsch, die pedantische Objektivität und den zynischen Schaum. Meine Damen und Herren, ich habe vorhin für ein paar Augenblicke mit dem Gedanken gespielt, statt Übergabe Proliferation zu sagen; das hätte die Folge gehabt, von einem Proliferationsapriori reden zu müssen – was mich dazu bewogen hat, auf diese Vokabel zu verzichten. Es hätte jedoch den Vorteil mit sich gebracht, an den Vertrag zur Nichtweitergabe von Kernwaffen zu erinnern, der auch bei Deutschen als Non-Proliferation-Treatise bekannt ist. Von da aus wäre es leicht gewesen, zu der Frage überzugehen, wie es mit der Nichtweitergabe von pathologischen Lebensverhältnissen zwischen sprechenden Wesen aussieht. Weil eben Menschen zunächst dazu verurteilt sind, in totaler Auslieferung an die Weitergabebedingungen des Lebens vor ihnen anzufangen, darf man an die Sprachweitergeber die Zumutung stellen, auch für ihre sprachgebundene Gewalt und ihre wortgewordene Misere eine Non-Proliferation-Politik zu erwägen. Doch sind alle Nationalsprachen jederzeit Idiome, in denen die Weitergabe von Misere und Gewalt unkontrollierbar freigegeben ist – und um so mehr freigegeben, je mehr diese Tatsachen durch Moralen und Theorien verhohlen werden können.

Was Gewaltweitergabe durch Sprache ist und wohin sie führt, zeigt sich vollends, wenn wir uns mit dem politischen Kern der Sprachweitergabe befassen. Die Nationalsprachen sind ihrer tatsächlichen Wirkung nach auch die Medien des Weltkriegs. In Nationalsprachen wird der Völkerhaß weitergeredet, in sogenannten Muttersprachen wurden Brudermorde abgesprochen; im Bannkreis der nationalisierten Religionen wurde zum Heiligen Krieg gegen die Anderssprechenden gepredigt. In diesen Tatsachen profiliert sich die Realität der wirklich vorkommenden Kommunikationsgemeinschaften, die die Geschichte bis auf den heutigen Tag beherrschen. In Nationalsprachen hat man sich die fürchterlichsten Zerstörungsparolen zugerufen, die über die Lippen von Menschen gingen, und die weitergabemächtigsten Kommunikationsgemeinschaften waren diejenigen, die ihren Sprachzusammenhang über den Leichen der Besiegten und über den Köpfen der Assimilierten weitersprachen. Und was gerade die Deutschen wissen müßten: In Nationalsprachen haben sich Menschen zu aggressiven Panikgemeinschaften zusammengerottet und als Kommunikationsrassisten und Zoolinguisten Weltherrschaften einer Sprache zu etablieren versucht. Somit ist die Sprachgebundenheit eines großen Teils menschlicher Kommunikation eine Bedingung für die Bindung von Menschen an ein Zurweltkommen in Sprachgemeinschaften, die den Haß gegen Anderssprachige weiterreden. Darum kann nur die Entbindung *aus* der Sprachgemeinschaft, wie sie ist, zur Weitergabe von weniger verhängnisvollen Lebensmustern führen. Nur unter dieser Voraussetzung würde die sprechende Nationalität von ihrem Gewaltpotential entbunden – doch wo geschieht das? Reden sich die sprechenden Wesen nicht in immer neue Angst- und Haßgemeinschaften gegen alte und neue Feinde hinein? Der Zug zur Internationalisierung des Geistes, der die Neuzeit charakterisiert, kann von der Verstrickung in den Haß zwischen den realen Kommunikationsverbänden nur dann entbinden, wenn Internationalität zur Internatalität führt, das heißt zu einem Mitwissen über das Zurweltkommen des anderen unter dessen eigenen Bedingungen. Erst dann wird Mehrsprachigkeit zu einem Medium der Entbindung von der nationalsprachlichen Gewalt.

Meine Damen und Herren, die Sprache, unter dem

Aspekt der Weitergabe betrachtet, fügt sich bruchlos den beiden vorherigen geradzahligen Welterzeugungsgesten an. Wie die Sorge um Dringliches und wie die Entlastung der Gegenwart durch Zurückstellung von zu schweren Aufgaben gehören auch die Weitergabegesten, die sich als Sprache vollziehen, zu den urkonservativen Akten, durch die vom Beginn der Kulturen an der Welthöhlenbau betrieben wird. Werden Sprachen an neue Sprecher übermittelt, so wird auch immer das symbolische Material weitergegeben, das den Späteren den Einzug in die Welthöhle ihrer Vorgänger ermöglicht. Aus dem Stoff der Nationalsprachen – zu denen sinngemäß die Stammessprachen genauso gehören wie die sogenannten Weltsprachen – sind die fixen Ideen gemacht, mit denen sich die Bewußtseine Selbstgefühle und Identitäten zusprechen. Aus Muttersprachen und Vaterautoritäten wachsen die kollektiven Selbstformen zusammen, in denen die Subjekte wohnen wie in nationalen Opiumhöhlen. Was auch immer an nationaler Identität oder Positivität weitergegeben wird, stets sind es Positiva, die mit bindender, fixierender, identifizierender Sprache besiegelt werden. So wie mich die Familiennamen ins Höhlensystem der Verwandtschaft bannen, so schließen mich Nationalsprache, Stammesdialektik, Subkulturargot und Fachsprache in das Höhlensystem ein, in das ich hineingeboren und hineinerzogen wurde.

Meine Damen und Herren, ich scheine hier von etwas zu sprechen, was in anthropologischer Sicht auch gar nicht anders gedacht werden kann. Wie sollten denn Menschen zur Welt kommen und wo sonst, wenn nicht im Inneren der großen Gedichte, der symbolischen Wohnhöhlen und Zeichenweltkunstwerke, die wir Sprachen nennen? Alles scheint uns dazu zu drängen, von einer Diskussion über das Weitergabeapriori geradewegs zu einer positiven Theorie der Sprachüberlieferung überzugehen, wie sie uns zum Beispiel durch das Werk Hans-Georg Gadamers vorgezeichnet ist. Aus der positiven Theorie der Sprache als Überlieferung ergäbe sich ferner, ob es uns gefällt oder nicht, eine ebenso positive Theorie der Nationalität, durch die das Schicksal des Hineingeborenseins in ein Volk oder eine Nationalkultur als anthropologisches Universale festgeschrieben wird. Dann wären die weitergegebenen Sprachen, so wie sie sind, die unhintergehbaren Bedingungen jeder Ankunft bei der Welt. Sie wären die buchstäblichen ontologischen Gesamtkunstwerke, in denen man zu wohnen hätte wie in einem Sozialbau, der zugleich als nationales Internierungslager dient. Das ist die dunkle Seite des Wortes Weltliteratur. Roland Barthes scheint etwas Derartiges einmal empfunden zu haben, als er in einer Regung von Unmut die Sprache schlechthin als faschistisch denunzierte, ausgerechnet er, der die schönste Essayprosa in seiner Generation schrieb. Durch die Macht des Weitergabeaprioris wären wir alle in unsere reale Sprachgemeinschaft eingeschweißt wie der fälschungssichere Personalausweis, von dem zu Beginn schon einmal die Rede war. Ganz ohne Metapher gesprochen wären dann unsere Muttersprachen große Gedichte, die wir jeden Tag aufzusagen gezwungen sind – globale Artefakte und Wortkunstwerke von unausschöpflicher Interpretierbarkeit, aber wir wären dazu verurteilt, in dem buchstäblichen Gesamtkunstwerk zu hausen, um gleichzeitig seine Wärter und seine Häftlinge zu sein. Als Sprecher einer Nationalsprache ist jeder Mensch zu einer totalitären Folklore verdammt.

Meine Damen und Herren, es kann wenig Zweifel daran geben, daß die historische, die alltägliche, die politische Wirklichkeit der Sprachen in weiten Teilen dem entspricht, was hier über das Zurweltkommen in Nationalsprachen gesagt wurde. Und doch ist damit nur eine Wesenshälfte des Phänomens erfaßt. Um die andere zu charakterisieren, wende ich mich jetzt der letzten unter den Funktionen zu, die in unserer Weltpoetik zu diskutieren sind – dem Apriori des Freispruchs oder des Versprechens.

Um die Erörterung zu eröffnen, nehme ich die Frage auf, die ich mir eingangs indirekt selbst stellte. Meine Damen und Herren, die Welt als Poesie und Versprechen, Sie erinnern sich, das schien ins allzu Positive auszugleiten – und die Frage kam auf: Mein Freund, wie hältst du's mit der Positivität. Die Antwort hierauf ist jetzt evident: nicht ich halte es mit der Positivität, sondern die Positivität hält es seit meiner Geburt mit mir. Auch wenn ich manchmal mit Cioran von einem Universum träume, in dem sich noch nichts dazu herabgelassen hätte zu sein, so ist für mein Erwachtsein aus diesem Traum von Anfang an gesorgt. Die makellose Virtualität des Schwebens im Nichtverwirklichten ist schon verloren, der Weltvorfall hat sich bereits ereignet, und aus einem grundlosen Grund hat sich die Positivität, die vor mir war, die Laune gestattet, mir das

Startzeichen zu geben. Ich rücke mit ihr vor wie ein Kiesel auf dem Rücken eines Gletschers. Im übrigen denke ich, daß der junge Heidegger, als ihm der Begriff Faktizität aufging, dieses Kieselgefühl kannte, diese von Weltangst durchzitterte Evidenz, ein Stein zu sein, der aus dem Schoß der Zeit ebenso unmerklich wie überwältigend nach vorn geschoben wird, mitbewegt von dem Gletscher Geschichte. Daher: »Es weltet«. Durch die bloße Tatsächlichkeit seines Daseins hat jedes Leben die ganze Kette der Weitergabegewalten im Rücken und ist in die Positivität von Überlieferungen und Proliferationen eingeschlossen. Erst wenn dieses Grundbild von unserer Situation »in der Welt« uns durchdrungen hat, läßt sich im Ernst die Frage stellen, was Kritik sei und was den Geist der Negativität zum Wehen bringe.

Die anderen Wege, zu einem sogenannten kritischen Bewußtsein zu kommen, sind selbst schon positiv. Wer sie beschreitet, denkt in der Regel, Kritik sei wie ein Taschenmesser, das man immer bei sich haben muß, oder wie ein Wachhund, der aufspringt, wenn jemand meiner Würde oder meinem Grundstück zu nahe kommt. Diese positiven Kritiken sind inzwischen auch überall rezipiert, sie gehören zur modernen Geschäftsfähigkeit, man muß sie einfach haben, so wie man Steuertricks, Selbstgefühl und Satzbau dauernd braucht, sie führen uns kritisch durch das Jahr. Aber wenn ich hier von Kritik spreche und den Geist der Negativität anrufe, so meine ich etwas anderes. Ich denke an das Andere des Positiven, an das, was nicht durch die Weitergabegewalten gebunden ist. Aber wo wäre dieses Nichtpositive zu entdecken, wo wir doch auf allen Seiten von positiven Daseinsbedingungen umstellt sind? Überall sind die Wörter aufgezogen, sie kesseln uns ein mit fixen Bedeutungen, sie halten die Schilde hoch und lassen keinen aus dem Ring heraus. Sind wir nicht Kriegsgefangene der Faktizität, der sprachlichen wie der materiellen? Untersuchungshäftlinge, gegen die eine lebenslange Ermittlung in der Strafsache Existenz geführt wird? Sind wir nicht neuerdings sogar informiert worden, daß wir bis auf weiteres in postmodernen Dekonzentrationslagern auszuharren haben, als zum Amüsement Verurteilte? Wo wäre unter solchen Bedingungen das Andere zu finden – oder wenigstens die Spur des Anderen, die ins Freie führt?

Meine Damen und Herren, die Spur ins Freie läuft mitten durch die Sprache selbst. Indem wir sprechen, wie es geschieht, kommt eine weitere unhintergehbare Bedingung für unsere Welterzeugung in diesem Augenblick ins Spiel. Diese Bedingung nannte ich das Apriori des Versprechens oder des Freispruchs. Mit ihm gelangt unser poetologisches Siebentagewerk an sein Ziel, das heißt in die Atemzüge dieses Augenblicks. Das Wesen der Sprache, meine Damen und Herren, ist ja nicht nur die Weitergabe von Nationalbindungen und von Vorurteilen, die die Welt bedeuten. Zu der Sprache, die den Zuruf zwischen Zurweltgekommenen artikuliert, gehört auch der Atem des Freispruchs. Dieser entbindet uns von der naturwüchsigen Nationalität und von der Verfallenheit an die erworbene Gewalt. Er ruft die ersten Momente des In-der-Weltseins zurück, in denen die Lufterfahrung jeder äußeren

Berührung mit dem mütterlichen Element vorangeht. Der Atem als erste Instanz der Natalität geht von Anfang an mit der Natur über die Natur hinaus. Lange bevor uns die Sprache zugefügt werden kann, hat sich die Atemwelt schon geöffnet – leider verwechseln die Psychoanalytiker sie immer noch mit dem Reich der Oralität. Doch wer poetisch sprechen lernt, bringt Atemfreiheit vom Anfang her auch in die Sprache mit, die wir mit unserem Einrücken in die historische Rede der Gewaltweitergaben erlernen. Das Apriori des Freispruchs besteht daher in jener Art, die Wahrheit zu sagen, die mit dem Recht auf Luft und Weite ursprungsverwandt ist. Die Sprache, die uns das Recht auf Atem weitersagt, formt einen Strom des Versprechens, der, wie es scheint, Jahrtausende überspannt und, häufig auf unterirdischen Wegen, die ältesten bezeugten Freiheitserfahrungen von Menschen mit den jüngsten Regungen des Freiheitsverlangens verbindet. Während jede positive Weitergabe von Sprache den Weltkessel enger macht, vollzieht sich durch die Funktion des Versprechens eine gegenteilige Bewegung. Mit ihr wird das Unglaubliche, das Paradoxe wirklich – eine Tradition des Nichttradierbaren, das Atemfreiheit verspricht. Durch diese Versprechungen werden die Freisprüche weitergesagt, ohne die wir im Tatsachenkessel eingeschnürt blieben. Und wenn denn Sprache schlechthin weitergegeben werden muß, auch positiv, auch nationalsprachlich, auch voll von den Erstickungsgewalten der bisherigen Geschichte, dann deswegen, weil bislang nur in diesen positiven Sprachen die Versprechen weitergesprochen werden können, die von der Gewalt der positiven Geschichte entbinden. Sokrates sprach Griechisch, um Griechen von den dumpfen Bindungen der Graecität freizusprechen, und auf griechisch fand er einen Weg in das Nichtwissen, das die sprachgebundenen Gewalten übersteigt. Von der Schrift hielt er sich fern, weil die Versprechen, die er zu geben hatte, der mündlichen, der persönlich gegenwärtigen Übermittlung bedurften. Seine von Platon resolut geleugnete Negativität wollte keine stehenden Thesen in ihrer Selbstsicherheit stehen lassen, seine Dialektik war scharf genug, um eine entwaffnende Dekonstruktion der Positionen zu bewirken. Er war gerade nicht, was Platon ihm unterschieben wollte: ein rechthaberischer Geburtshelfer der ausschließlichen wahren Ideen, und wenn wir überhaupt eine Möglichkeit haben, den historischen Sokrates von den hysterischen Projektionen Platons (der seinen Meister zu Tode verehrte, um freie Hand zu bekommen für sein eigenes Meisterspiel) zu unterscheiden, so müssen wir seine Lehre in dem so großzügigen wie vergeblichen Bemühen suchen, das geburtliche Versprechen des Lebens schlechthin freizulegen. Die maieutische Utopie wartet seither auf eine nüchterne Formulierung. Denn sollte sich eine Quelle der hochkulturellen Versprechen von Freiheit und Entbindung namhaft machen lassen, so läge sie in dem atmenden fötalen Schweigen, das mit seiner Aufmerksamkeit die Welt entpositiviert, entbrutalisiert und entwaffnet. Zwar trat der sokratische Impuls in griechischer Sprache auf, aber in dem Hinweis auf die Seinsweise des Nichtwissens war das Mehr-als-Griechische schon zur Welt gebracht. Von ihm konnte die Einladung zur Entbindung von der Nationalgewalt ausstrahlen. Diogenes von Sinope, der die eine Hälfte des sokratischen Anstoßes erbte, nahm Zuflucht zu einem pantomimischen Kosmopolitismus, um das Entbindungsamt seines Lehrers fortzuführen; auf diesem Weg wurde er zum ersten plebejischen Dissidenten. Platon hingegen, der die andere Hälfte der sokratischen Wahrheit zu fassen versuchte, vollzog den folgenschweren Schritt zur Universalienlehre. Indem er die Realität der Ideen und Ideale hervorkehrte, stiftete er einen logischen Kosmopolitismus, der die Denkenden zur Anschauung des Allgemeinen entbinden sollte, auf Kosten der dunklen Positivität, die sich ins Unmittelbare und Naheliegende verbeißt.

In diesen beiden Entbindungsstrategien hat sich eine Spur vom Geist der europäischen Utopie bis heute erhalten, auch über den von Europa angestifteten Weltkrieg hinaus und allen spezifisch europäischen Bestialitäten zum Trotz. Etwas von bestem alteuropäischem Erbe ist im Spiel, wenn Jürgen Habermas noch heute den Universalismus des vernünftigen Gesprächs verteidigt, aber es war auch klassisch europäische Wahrheitspolitik am Werk, als der verstorbene französische Clown Coluche mit einer Trikolore aus Straußenfedern im Hintern splitternackt für das Amt des französischen Staatspräsidenten kandidierte. Nichtsdestoweniger ist zu bemerken, daß um diese beiden unentbehrlichen Entbindungspraktiken ein Hauch von Melancholie liegt, denn man erkennt mühelos, daß die Mechanismen der positiven Gewaltweitergabe einen

uneinholbar scheinenden Vorsprung vor solchen Ent-
bindungsversprechen besitzen. Aber nicht viel besser
ergeht es den religiösen Versprechungen unserer Tradition. Wie man weiß, bleibt die moderne Welt unverständlich, solange man nicht das Einströmen persischer
und jüdischer utopischer Motive in den europäischen
Raum in Betracht zieht. Wenn man aber die Gegenwart
zu Recht als eine Zeit des Utopiensterbens bezeichnet
hat, so lassen sich Gründe dafür unter anderem auch
durch die aktuellen iranischen und israelischen Tragö-
dien illustrieren – Persien, das Mutterland des Dualis-
mus und des Dezisionismus, hat seine geschichtema-
chende Utopie der Entscheidung fürs Licht parodiert,
indem es in die Falle der Paranoia rannte; auch das
islamische Persien von heute hat Licht versprochen und
doch nichts Besseres zuwege gebracht, als seine jungen
Männer in einen absurden Tod an der dunkelsten
Westfront zu jagen. Das Land, das eine Lichtmetaphysik von weltgeschichtlicher Reichweite bis ins Europa
der Aufklärung exportierte, liefert heute einen der
mächtigsten Beiträge zum Absterben der Utopie. Wie
es um die jüdische Utopie steht, darüber müssen nicht
viele Worte verloren werden, wenn man die Bilder von
den schwerbewaffneten israelischen Soldaten gesehen
hat, die am Passahfest 1988 in Jerusalem und im ganzen
sogenannten Heiligen Land patrouillierten. Man erinnert sich daran, daß das messianische Versprechen auf
absolute Zukünftigkeit der Entbindung lautete und daß
die Evokation dieses Versprechens im Sinne eines immer
gegenwärtigeren Bereitwerdens wirken wollte. Der
nationalisraelische Realismus brauchte nur ein, zwei

Generationen, um zu lernen, wie die Mechanismen der Bindung an Sprache und Boden als Zwang zur Weitergabe von Gewalt funktionieren. So hat die Einladung zur Entbindung des Gewaltsam-Gegenwärtigen von sich selbst durch reines Offenstehen in die Zukunft auf ihrem eigenen Boden ein furchtbares Dementi erlebt. Der vielversprechende Entbindungsgott, der aus dem brennenden Dornbusch sprach, hat sich zurückverwandelt in einen territorialen Baal, der Pässe ausstellt und Armeekorps rekrutiert.

Offensichtlich besteht ein innerer Zusammenhang zwischen dem aktuellen Utopiensterben und den realpolitischen Metamorphosen der einmal leidenschaftlich unrealistischen Versprechen. Es hat den Anschein, als sollte heute die *catena aurea* zerreißen, jene Kette, die über Jahrtausende hinweg das Befreiungswissen weitergesprochen hat, den Gewalten der realistischen Nationalbindung zum Trotz. Die aktuelle Sklerotisierung des kritischen Geistes scheint diesen Riß zu bezeugen. Aber, meine Damen und Herren, ich bin sicher, daß dies nur ein trügerischer Anschein ist. Er mag sich uns wohl mit einiger Hartnäckigkeit aufzwingen, aber zum Widerruf der Versprechen zu verführen vermag er uns nicht. Was jetzt begriffen werden muß, ist etwas anderes: noch nie hat sich der Geist des Freispruchs institutionalisieren lassen, ohne korrumpiert zu werden. Was in der heutigen Utopienflaute geschieht, ist nur die unvermeidliche Konsequenz der Versuche, Entbindungssprachen in der Art von Meta-Nationalsprachen zu positivieren. Daß dergleichen zum Scheitern verurteilt ist, kann man sich nie deutlich

genug vor Augen bringen. Die Tradition der vielver-
sprechenden Freisprüche besitzt in sich selbst die paradoxe Struktur einer Überlieferung des positiv Nicht-
Überlieferbaren. Während die positiven Traditionen
die Generationen mit eisernen Ketten aneinanderbin-
den und die Geschichte als Proliferation unsichtbarer
Verletzungen in Gang halten, ist die *catena aurea* eine
gehauchte Kette mit offenen Gliedern, sie bildet eine
negative Tradition, ein Band der Entbindung, eine
Kette der Entkettung. Wer in sie eintritt, der kann nicht
im eigentlichen Wortsinn an sie anknüpfen. Denn
knüpft er sich selber an ihre Überlieferung, so ist es
kein Entbundener, hat sie ihn aber wirklich entbunden,
so kann er nicht positiv an ihr hängen. Ihre überliefer-
bare Wahrheit beruht auf dem paradoxen Umstand,
daß sie die Nachfolgenden nicht an sich gebunden hat.
Die Kette des Versprechens überliefert sich in der
Weitergabe von Nicht-Bindung – ihre Zerreißprobe
erlebt sie aber, wenn sie sich dazu überwinden muß, die
Nicht-Weitergabe von Nicht-Bindungstraditionen zu
wollen. Solange sie Kette bleibt, muß auch die goldene
Kette der Welt als Freispruch abgeschüttelt werden.
Das ist der Grund, warum die schönsten Reden durch
das zynischste Purgatorium gehen müssen: was wir
versprechen können, lernen wir nur in der Schule der
Verzweiflung.
Der aktuelle Utopienbankrott ist auch im Licht dieser
Verhältnisse zu kommentieren. Die positivierten Uto-
pien haben sich kompromittiert und fatale Kehrseiten
ausgebildet. Als Nietzsche, der Klassenprimus von
Schulpforta, den Sokrates attackierte, da hatte er schon

die Folgen des positivierten Sokratismus im Blick. In der Tat hinterließ Sokrates das Problem, wie ein bewußtes Nichtwissen ohne Tugenddünkel möglich sei, oder eine Paideia ohne humanistischen Schulterror. Platon seinerseits vermachte den Akademikern bis heute die Frage, wie Idealismus ohne Verstiegenheit und Universalismus ohne totalitäre Gelüste möglich seien. Zu den makabren Hinterlassenschaften des Diogenes gehört, wie man richtig bemerkt hat, die Frage, wie Kynismus ohne Verwahrlosung gelebt werden solle – nicht zufällig steht das moderne Wort Zynismus für den Witz, der aus der Enthemmung kommt. Dem großen Seelenentbinder Gautama Buddha folgte das Problem nach, wie meditatives Leben ohne weltflüchtige Depressivität und ohne selbstmörderische Verdunstungen einzurichten sei. Und was die Befreiungslehren des Monotheismus und der Lichtmetaphysik anbelangt, so haben diese einen paranoiden Schatten geworfen, der heute dunkler denn je über der Erde liegt. Auch das Versprechen des Marxismus, uns mittels revolutionärer Kaiserschnitte aus dem Schoß der Vorgeschichte herauszuschneiden, hat der grauenvollsten Weitergabe von Gewalt Vorschub geleistet. Und als der großdeutsche Sektenführer Adolf Hitler die Toten des Ersten Weltkriegs zusammen mit den Lebenden der Krise von 1918 bis 1933 in sein hyperpositives tausendjähriges Reich entbinden wollte, da entfesselte er Ereignisse, die aus dem Stoff waren, aus dem die perinatalen Höllenträume sind. Ob im Deutschland von 1933 oder im Persien von 1988, ob im Gulagrußland oder im Genfer Gottesstaat: was die Weitergabegewalten zuletzt immer über den Geist der Freisprüche siegen läßt, ist die Positivierung der Versprechen und die Nationalisierung der Universalien. Eben dies ist das Prinzip der magischen Nationen, die Oswald Spengler entdeckt und benannt hat – und die man auch Taufnationen oder Religionsnationen nennen könnte.

Kurzum, aus dem positiven Griff nach dem Besitz der unbesitzbaren Befreiungssprachen ist in allen Hochkulturen ein Übermaß an Unheil erwachsen. Es könnte wohl sein, daß durch positivierte Erlösungsideen und Befreiungsversprechen mehr Leid in der Welt hervorgerufen wurde, als vor dem Auftreten solcher Ideen vorhanden war. Der profunde Antiutopismus der heutigen Generationen ist folglich ein Merkmal von geschichtlicher Intelligenz. Man hat mit guten Gründen von den Lehren der Kirchenbauherrn genug. Bestimmte Formen von Entbindungsschwindeleien finden nun keinen Massenzulauf mehr – es sei denn auf der Basis des Hineingeborenwerdens, mit dem sich auch die christlichen Kirchen wie alle Religionsnationen eine »zwingende« Rekrutierungsbasis geschaffen haben. Aber gerade die ekklesiale Ideologie, die uns die Zugehörigkeit zu einer geschlossenen Entbindungsanstalt zumutet, ist für entwickeltere Intelligenzen unerträglich geworden. – Darum muß jetzt gesagt werden, daß die utopischen Testamente von früher zerrissen und verbrannt sind. Wenn auch heute noch das Weltversprechen weitergesprochen werden soll, dann nicht, weil man eine Kette von Lehrern und Aposteln hinter sich wüßte. Wer jetzt etwas verspricht, der verspricht allein. Wer heute, am Ausgang des Zeitalters der geschichtemachenden Utopien, ein Weltversprechen erneuern will, der muß sich wie ein Neugeborener im Bodenlosen orientieren. Durch die positiven Weltsprachen hindurch ist der Atem wiederzuentdecken, der vor jeder Nationalität unserer Natalität, unserer Geburtlichkeit gehört.

Meine Damen und Herren, dieser Atem ist das Element der Literatur und der Dichtung. Kein bedeutender Text der Tradition existiert, der nicht Atemtext, Atemschrift wäre. Die Zeilen sind die Atemzüge der Schriftsteller, die Strophen die Atemwende der Dichter. Der Schriftatem ist für die Leute vom schreibenden Gewerbe ihr letztes utopisches Kriterium. Von seinem Hauch oder seinem Fehlen hängt es ab, ob unsere Texte ins Freie führen oder Tapeten werden, mit denen sich Unentbundene ihre Höhlen austapezieren. Der Atem gibt uns ein Versprechen, von dem nicht gefürchtet werden muß, daß es durch falsches Halten gebrochen würde. Dem Atemversprechen steht nicht das Schicksal der positivierten Verheißungen bevor, zu Befreiungslügen zu erstarren. Denn wie lange man auch die Luft anhalten mag, es dauert nicht lange, und man atmet das Aufgenommene wieder aus. So müßte der freie Geist durch alle positiven Systeme hindurchatmen. Wo Atemfreiheit aufkommt, entsteht eine typische Frivolität. Der freie Atem nimmt mit dem Einatmen Positionen ein, die er mit dem Ausatmen wieder räumt. Darum ist Atemliteratur nicht nur inspiriert, sie ist stets eine Literatur des Ausatmens, eine Poesie der Verabschiedungsfähigkeit. Auch Flüche können Weltliteratur sein, auch Abdankungen Weltversprechen.

Das Ausatmen gibt alles her, was es sich zuvor nahm. Darum muß die Welt als Versprechen nicht künstlich versteift und gewaltsam festgehalten werden, weil der vielversprechende Atem nicht festhält, was er verspricht, und nicht mehr versprechen kann, was er hält. Eine Literatur, die Luft hat, ist von einem unvordenklichen Leichtsinn beseelt. Heinrich Heine war es wohl, der über den Übermut der Dichter das Zutreffendste sagte. Er wußte, daß die Versprechen, die die Dichter geben, nur als Zeugnisse für die Utopie des Leichtsinns gültig sind. Unrecht hatte er nur darin zu glauben, daß aus seinen Seufzern vor allem Nachtigallenchöre würden. Wo Dichter geatmet haben, entstehen Atemräume für Völker, und dank der Übersetzungen auch für andere als ihre eigenen. Im Atem als dem Anfang der Hoffnung, die kein Prinzip ist, wird das Weltversprechen so unauffällig wie spürbar erneuert.

Sollte ein Schriftsteller sagen, welches die Gedanken sind, die ihm das tiefste Staunen einflößen, so könnte er nur, frei nach Immanuel Kant, erwidern: der gestirnte Himmel über mir und der Leichtsinn, uns eine Welt zu versprechen, in mir.

Meine Damen und Herren, Gedichte und anderes frei Gesagte sind Atemschiffchen, die sich ins Offene aussetzen. Daher sind freie Worte wichtiger als große. Doch kommt es vor, daß die freien sich als die großen erweisen. Ein Gedicht von Paul Celan spricht vom Auftauchen des unbedingten eigenen Wortes:

WEGGEBEIZT vom
Strahlenwind deiner Sprache
das bunte Gerede des An-
erlebten – das hundert-
züngige Mein-
gedicht, das Genicht.

Aus-
gewirbelt,
frei
der Weg durch den menschen-
gestaltigen Schnee,
den Büßerschnee, zu
den gastlichen
Gletscherstuben und -tischen.

Tief
in der Zeitenschrunde,
beim
Wabeneis
wartet, ein Atemkristall,
dein unumstößliches Zeugnis.